全国矿产资源潜力评价技术要求系列丛书是集体劳动的结晶！

谨以此书献给耕耘在地质勘查、科学研究及教学岗位上的广大地质工作者！

全国矿产资源潜力评价领导小组

组　长：	徐绍史	国土资源部党组书记、部长
副组长：	汪　民	国土资源部党组成员、副部长 中国地质调查局党组书记、局长
成　员：	张洪涛	国土资源部总工程师 中国地质调查局副局长、总工程师
	彭齐鸣	国土资源部地质勘查司司长
	刘连和	国土资源部矿产开发管理司司长
	贾其海	国土资源部矿产资源储量司司长
	韩和平	国土资源部财务司副司长
	姜建军	国土资源部科技与国际合作司司长
	鞠建华	国土资源部规划司副司长
	钟自然	中国地质调查局副局长（正局级）

全国矿产资源潜力评价技术要求系列丛书编委会

全国矿产资源潜力评价技术要求
矿产资源潜力评价数据模型丛书

全国矿产资源潜力评价成果建库技术要求

左群超　杨东来　李　林　等著

地质出版社

·北　京·

内 容 提 要

本书系统阐述了全国矿产资源潜力评价成果数据库建设技术要求，包括建库的任务及目标、工作范围及内容、数据整理要求、数据建库要求、整理入库成果提交要求、整理及建库工作报告撰写要求，以及全程质量控制要求等内容，用于规范全国矿产资源潜力评价专项成果数据建库工作，保障建库质量，适合以超大型、多专业、工程性、面向空间数据为主要特征的大型地质项目数据库建设工作。

本书是全国矿产资源潜力评价计划的研究成果，具有系统性、综合性和可操作性，可供从事地质调查、矿产资源评价及相关数据库资源建设的科研人员和大专院校相关专业师生参考。

图书在版编目（CIP）数据

全国矿产资源潜力评价成果建库技术要求 / 左群超等著. —北京：地质出版社，2015. 11

ISBN 978 - 7 - 116 - 09363 - 8

Ⅰ. ①全… Ⅱ. ①左… Ⅲ. ①矿产资源 - 资源潜力 - 资源评价 - 专用数据库—技术要求—中国 Ⅳ. ①F426. 1 - 39

中国版本图书馆 CIP 数据核字（2015）第 189417 号

责任编辑：白 铁 吕 静
责任校对：王洪强
出版发行：地质出版社
社址邮编：北京海淀区学院路 31 号，100083
咨询电话：（010）66554528（邮购部）；（010）66554625（编辑室）
网 址：http：//www. gph. com. cn
传 真：（010）66554623
印 刷：北京地大天成印务有限公司
开 本：889 mm × 1194 mm 1/16
印 张：10. 5
字 数：400 千字
版 次：2015 年 11 月北京第 1 版
印 次：2015 年 11 月北京第 1 次印刷
定 价：50. 00 元
书 号：ISBN 978 - 7 - 116 - 09363 - 8

出 版 说 明

全国矿产资源潜力评价是国土资源部在矿产资源领域部署的一项基本国情调查工作，总体目标任务是摸清我国矿产资源家底，实现成矿地质理论和技术方法创新，培养一批综合型地质矿产人才，项目于2006年6月启动。为保障该项工作在统一组织、统一思路、统一要求、统一标准和统一进度下全面开展和实施，全国矿产资源潜力评价项目办公室（以下简称全国项目办）在项目启动之初立即组织编写、制定了技术要求，后经在省级矿产资源潜力评价工作和全国典型示范中的实际应用后不断补充、修改和完善。经全国项目办会同全国各专业汇总组研究决定，现以系列丛书形式公开出版。

在全国矿产资源潜力评价技术要求系列丛书中，包括矿产资源潜力评价技术要求总论、成矿地质背景研究技术要求、重要矿产和区域成矿规律研究技术要求、重力资料应用技术要求、磁测资料应用技术要求、化探资料应用技术要求、遥感资料应用技术要求、自然重砂资料应用技术要求、铀矿资源潜力评价技术要求、煤炭资源潜力评价技术要求、重要化工矿产资源潜力评价技术要求、矿产定量预测方法和矿产资源潜力评价数据模型等分册。这一系列成果的出版将对全面开展、完成全国矿产资源潜力评价工作具有重要指导作用，同时对我国开展矿产资源调查评价及其工作部署、矿产勘查等均具有十分重要的意义。

全国矿产资源潜力评价项目办公室

二〇一〇年五月

前　　言

国土资源部于2006～2013年部署开展了“全国矿产资源潜力评价计划”，并定位为一项重要的矿产资源国情调查，国土资源部成立该项国情调查领导小组，全国各省国土资源管理部门成立相应机构，中国地质调查局组织实施。该项国情调查，要求利用我国长期形成的地质矿产调查和科研成果资料，采用我国地质科学家独创、技术指标要求极高、不同于美国“三部式”的“矿床模型综合地质信息预测方法”，充分利用现代信息技术，按省（直辖市、自治区）、大区（华北、东北、华东、中南、西南、西北）及全国范围逐级实施，系统预测我国煤炭、铀、铁、铜、铝、铅、锌、锰、镍、钨、锡、钾、金、铬、钼、锑、稀土、银、硼、锂、磷、硫、萤石、菱镁矿、重晶石25个重要矿种的资源潜力、摸清我国矿产资源家底，既为制定我国矿产资源战略与中长期规划等宏观决策提供科学依据，又为我国矿产勘查部署或指导找矿等微观工作提供科学指导。经过部、省两级国土资源管理部门、各参加单位和全体科研人员的共同努力，该项工作于2015年初全面完成任务，通过了国土资源部的总验收。本次矿产资源国情调查是目前我国最系统、最全面、最权威的一次矿产资源国情调查，在世界范围内也绝无仅有，形成了大量创新性成果。

“全国矿产资源潜力评价计划”历经8年，形成了30个省（直辖市、自治区）的矿产资源潜力评价资料性基础地质编图和煤炭、铀、铁、铝、铜等25种矿产潜力评价专题编图成果，6个大区范围（华北、东北、华东、中南、西南、西北）和全国范围8个专题（成矿地质背景研究、成矿规律研究、重力资料应用、磁测资料应用、化探资料应用、遥感资料应用、自然重砂资料应用、矿产预测研究）矿产资源潜力评价综合性成果。

“全国重要矿产资源潜力评价综合信息集成”是“全国矿产资源潜力评价计划”下设47个工作项目之一，主要承担三方面任务：一是维护更新相关基础地质数据库，提供满足全国矿产资源潜力评价需要的、权威性和现势性的基础数据；二是研制并提供矿产资源潜力评价数据模型、配套软件工具以及相关方法技术，支持潜力评价地质专业人员开展研究、编图及数据采集工作，用以规范、集成全国矿产资源潜力评价工作成果；三是研发全国矿产资源潜力评价数据集成管理应用平台，用以汇总、集成、管理全国矿产资源潜力评价成果空间数据库，为利用全国矿产资源潜力评价海量成果奠定数据和平台基础。

根据“全国矿产资源潜力评价计划”总体目标要求，全国重要矿产资源潜力评价综合信息集成项目组负责对全国矿产资源潜力评价所形成的重要基础、中间和最终成果数据开展汇总与集成建库工作。为了规范全国矿产资源潜力评价成果数据资料汇总、整理、入库与建库工作，特制定“全国矿产资源潜力评价成果建库技术要求”，用于指导、规范全国矿产资源潜力评价成果汇总、整理、入库与建库工作，保障全国矿产资源潜力评价成果空间数据库建设工作质量符合全国矿产资源潜力评价计划总体技术要求。

本书是关于“全国矿产资源潜力评价成果建库技术要求”的系统阐述和明确规定，

由前言、六章正文、附表、附件、结语、参考文献组成，各章节编写及执笔分工如下：

前言：由左群超、杨东来执笔。

第一章：工作任务及目标，由左群超、杨东来执笔。

第二章：工作范围及内容，由左群超、杨东来执笔。

第三章：数据整理要求，由左群超、杨东来执笔。

第四章：数据建库要求，由左群超、杨东来、李林（中国地质调查局武汉地质调查中心）执笔。

第五章：整理入库成果提交要求，由左群超、杨东来、李林（中国地质调查局武汉地质调查中心）执笔。

第六章：整理及建库工作报告撰写要求，由左群超、杨东来、李林（中国地质调查局武汉地质调查中心）执笔。

结语：由左群超、杨东来执笔。

参考文献：由左群超执笔。

附表（附表1~26）：由左群超、李林（中国地质调查局武汉地质调查中心）编制。

附件（附件1~2）：由左群超、李林（中国地质调查局武汉地质调查中心）编制。

本书章节内容与顺序安排及统稿工作由左群超负责完成。参与本书部分章节内容研讨的科研人员有：中国地质调查局西安地质调查中心李林、李清，广东省地质调查院李文胜、张源、陈浩权，广东省佛山地质局邓勇、邱瑞山，四川省地质调查院文辉、王瑞、王静，安徽省地质调查院胡海风、王寅、王义梅，中国地质大学（武汉）教授周顺平、汪新庆、左泽均，中国煤炭地质总局航测遥感局（西安煤航卫星数据应用有限公司）林燕、江晓光等，在此一并致谢。

全国矿产资源潜力评价项目办公室王全明副总工程师对全国矿产资源潜力评价成果图件空间实体数据提取及其空间实体数据库建设等内容，提出了宝贵的建议，在此特别致谢。

限于编者的时间和水平，难免存在不足之处，恳请专家同行批评指正。

目　　录

前　言

第一章　工作任务及目标 …… (1)

第一节　工作任务 …… (1)

第二节　工作目标 …… (7)

第二章　工作范围及内容 …… (11)

第一节　工作流程 …… (11)

第二节　工作范围 …… (12)

第三节　质量控制 …… (39)

第三章　数据整理要求 …… (48)

第一节　基本技术要求 …… (48)

第二节　基本软件工具 …… (49)

第三节　整理技术要求 …… (50)

第四章　数据建库要求 …… (57)

第一节　建库平台规定 …… (57)

第二节　入库格式要求 …… (59)

第三节　数据组织模式 …… (59)

第五章　整理入库成果提交要求 …… (68)

第一节　整理入库成果 …… (68)

第二节　质量监管规定 …… (69)

第三节　成果验收规定 …… (69)

第六章　整理及建库工作报告撰写要求 …… (70)

第一节　省级矿产资源潜力评价成果整理入库工作报告编写提纲 …… (70)

第二节　全国及大区范围矿产资源潜力评价成果整理入库工作报告编写提纲 …… (73)

结语 …… (77)

参考文献 …… (78)

附表 …… (79)

附表1　省级成果基本情况统计表 …… (79)

附表2　省级基础地质编图图件及属性库统计表 …… (83)

附表3　省级×矿种（组）潜力评价成果图件及属性库统计表 …… (85)

附表4　省级基础地质编图遥感影像图统计表 …… (89)

附表5　省级×矿种（组）潜力评价成果遥感影像图统计表 …… (89)

附表6　省级基础地质编图图件及属性库整理情况记录表 …… (91)

附表7　省级×矿种（组）潜力评价成果图件及属性库整理情况记录表 …… (94)

附表8　省级基础地质编图遥感影像图（GeoTiff）整理情况记录表 …… (100)

附表9　省级×矿种（组）潜力评价成果遥感影像图（GeoTiff）整理情况记录表 …… (100)

附表 10　省级基础地质编图遥感影像图（MSI）整理情况记录表 ……………………………（102）
附表 11　省级×矿种（组）潜力评价成果遥感影像图（MSI）整理情况记录表 ……………（103）
附表 12　省级基础地质编图图件及属性库空间实体提取整理情况记录表 ……………………（104）
附表 13　省级×矿种（组）潜力评价成果图件及属性库空间实体提取整理情况记录表 ……………………………………………………………………………………………（110）
附表 14　省（市、区）矿产资源潜力评价成果文档整理情况记录表 …………………………（127）
附表 15　省级基础地质编图图件元数据文件（XML）整理情况记录表 ………………………（128）
附表 16　省级×矿种（组）潜力评价成果图件元数据文件（XML）整理情况记录表 ………（131）
附表 17　×大区成果基本情况统计表 ……………………………………………………………（134）
附表 18　×大区成果图件统计表 …………………………………………………………………（134）
附表 19　×大区成果图件整理情况记录表 ………………………………………………………（135）
附表 20　×大区矿产资源潜力评价成果文档整理情况记录表 …………………………………（137）
附表 21　×大区成果图件元数据文件（XML）整理情况记录表 ………………………………（138）
附表 22　全国级成果基本情况统计表 ……………………………………………………………（139）
附表 23　全国级成果图件统计表 …………………………………………………………………（139）
附表 24　全国级成果图件整理情况记录表 ………………………………………………………（140）
附表 25　全国级矿产资源潜力评价成果文档整理情况记录表 …………………………………（142）
附表 26　全国级成果图件元数据文件（XML）整理情况记录表 ………………………………（143）
附件 ……………………………………………………………………………………………………（145）
附件 1　第一步整理完成的元数据模板……………………………………………………………（145）
附件 2　第二步整理完成的元数据模板……………………………………………………………（150）

第一章　工作任务及目标

第一节　工作任务

全国矿产资源潜力评价成果整理入库内容，总体上包括三大层次成果内容：即省级基础成果，包括30个省（市、自治区），且省级层次还可细分为省区、预测工作区、典型矿床研究区的基础研究成果；大区级综合成果，包括6个大区范围综合研究成果（即东北、华北、华东、中南、西南、西北）；全国级综合成果，包括8个专业全国范围综合研究成果（即成矿地质背景研究、成矿规律研究、矿产预测研究、重力资料应用、磁测资料应用、化探资料应用、遥感资料应用、自然重砂资料应用）。每个层次需要整理入库内容的类别见表1-1、表1-2、表1-3、表1-4、表1-5说明。

一、30个省（市、自治区）的省级矿产资源潜力评价成果整理入库内容

表1-1　30个省（市、自治区）的省级矿产资源潜力评价基础地质编图成果整理入库内容

序号	省（市、自治区）	省级专题分类	整理入库内容类别
1	30个省（市、自治区）包括黑龙江、吉林、辽宁、北京、天津、河北、山西、内蒙古、山东、河南、安徽、江苏（含上海）、浙江、江西、福建（含台湾）、湖北、湖南、广东、广西、海南、四川、重庆、贵州、云南、西藏、陕西、宁夏、甘肃、青海、新疆	成矿地质背景研究	分幅实际材料图及属性库、编图说明书、元数据
			分幅建造构造图及属性库、编图说明书、元数据
			省级大地构造相图及属性库、编图说明书、元数据
			省级大地构造相图过渡性图件、编图说明书、元数据
		重力资料应用	省级重力推断地质构造图及属性库、编图说明书、元数据
			省级重力工作程度图及属性库、编图说明书、元数据
			省级布格重力异常图及属性库、编图说明书、元数据
			省级剩余重力异常图及属性库、编图说明书、元数据
		磁测资料应用	省级磁法推断地质构造图及属性库、编图说明书、元数据
			省级磁异常分布图及属性库、编图说明书、元数据
			省级航磁工作程度图及属性库、编图说明书、元数据
			省级地磁工作程度图及属性库、编图说明书、元数据
			省级航磁 ΔT 等值线平面图及属性库、编图说明书、元数据
			省级航磁 ΔT 化极等值线平面图及属性库、编图说明书、元数据
			省级航磁 ΔT 化极垂向一阶导数等值线平面图及属性库、编图说明书、元数据
		化探资料应用	省级地球化学采样点位图及属性库、编图说明书、元数据
			省级地球化学景观图及属性库、编图说明书、元数据
			省级地球化学工作程度图及属性库、编图说明书、元数据
			省级单元素地球化学图及属性库、编图说明书、元数据
			省级单元素地球化学异常图及属性库、编图说明书、元数据
			省级地球化学综合异常图及属性库、编图说明书、元数据
			省级地球化学推断地质构造图及属性库、编图说明书、元数据

续表

<table>
<tr><th>序号</th><th>省（市、自治区）</th><th>省级专题分类</th><th colspan="2">整理入库内容类别</th></tr>
<tr><td rowspan="8">1</td><td rowspan="19">30个省（市、自治区）包括黑龙江、吉林、辽宁、北京、天津、河北、山西、内蒙古、山东、河南、安徽、江苏（含上海）、浙江、江西、福建（含台湾）、湖北、湖南、广东、广西、海南、四川、重庆、贵州、云南、西藏、陕西、宁夏、甘肃、青海、新疆</td><td rowspan="5">遥感资料应用</td><td colspan="2">省级遥感构造解译图及属性库、编图说明书、元数据</td></tr>
<tr><td colspan="2">省级遥感异常组合图及属性库、编图说明书、元数据</td></tr>
<tr><td colspan="2">分幅遥感矿产地质特征解译图及属性库、编图说明书、元数据</td></tr>
<tr><td colspan="2">分幅遥感羟基异常分布图及属性库、编图说明书、元数据</td></tr>
<tr><td colspan="2">分幅遥感铁染异常分布图及属性库、编图说明书、元数据</td></tr>
<tr><td rowspan="3">自然重砂资料应用</td><td colspan="2">省级自然重砂工作程度图及编图说明书、元数据</td></tr>
<tr><td colspan="2">省级自然重砂采样点位图及编图说明书、元数据</td></tr>
<tr><td colspan="2">省级自然重砂异常图及属性库、编图说明书、元数据</td></tr>
<tr><td rowspan="10">2</td><td rowspan="10">遥感资料应用－遥感影像图</td><td rowspan="5">分幅遥感影像图及编图说明书、元数据</td><td>与该遥感影像图配套MapGIS工程文件（*．mpj）</td></tr>
<tr><td>GeoTiff格式</td></tr>
<tr><td>Tiff格式</td></tr>
<tr><td>MSI格式</td></tr>
<tr><td>Gray格式</td></tr>
<tr><td rowspan="5">省级遥感影像图及编图说明书、元数据</td><td>与该遥感影像图配套MapGIS工程文件（*．mpj）</td></tr>
<tr><td>GeoTiff格式</td></tr>
<tr><td>Tiff格式</td></tr>
<tr><td>MSI格式</td></tr>
<tr><td>Gray格式</td></tr>
<tr><td>3</td><td>成矿地质背景研究、成矿规律研究、矿产预测研究、重力资料应用、磁测资料应用、化探资料应用、遥感资料应用、自然重砂资料应用</td><td colspan="2">总体设计报告（分年度）、专题设计报告（分年度）、专题研究报告及相关资料、数据、文档等</td></tr>
</table>

表1－2　30个省（市、自治区）的省级矿产资源潜力评价23个矿种（组）编图成果整理入库内容

<table>
<tr><th>序号</th><th>省（市、自治区）</th><th>矿种（组）潜力评价成果</th><th>省级专题分类</th><th>整理入库内容类别</th></tr>
<tr><td rowspan="13">1</td><td rowspan="13">30个省（市、自治区）包括黑龙江、吉林、辽宁、北京、天津、河北、山西、内蒙古、山东、河南、安徽、江苏（含上海）、浙江、江西、福建（含台湾）、湖北、湖南、广东、广西、海南、四川、重庆、贵州、云南、西藏、陕西、宁夏、甘肃、青海、新疆</td><td rowspan="13">23个矿种（铁、铝、铜、铅、锌、金、钨、锑、稀土、钾、磷、锡、钼、镍、锰、铬、银、锂、硫、萤石、菱镁矿、硼、重晶石）；部分省份还有汞矿、钒矿、锶矿等潜力评价成果需要汇总集成；煤炭、铀潜力评价成果分别由中国煤炭地质总局、中国核工业地质总局汇总集成</td><td rowspan="7">成矿地质背景研究</td><td>预测工作区构造岩相古地理图及属性库、编图说明书、元数据</td></tr>
<tr><td>预测工作区沉积建造构造图及属性库、编图说明书、元数据</td></tr>
<tr><td>预测工作区地貌与第四纪地质图及属性库、编图说明书、元数据</td></tr>
<tr><td>预测工作区火山岩性岩相构造图及属性库、编图说明书、元数据</td></tr>
<tr><td>预测工作区侵入岩浆构造图及属性库、编图说明书、元数据</td></tr>
<tr><td>预测工作区变质建造构造图及属性库、编图说明书、元数据</td></tr>
<tr><td>预测工作区建造构造图及属性库、编图说明书、元数据</td></tr>
<tr><td rowspan="6">成矿规律研究</td><td>省级矿产预测类型分布图及属性库、编图说明书、元数据</td></tr>
<tr><td>典型矿床成矿要素图及属性库、编图说明书、元数据</td></tr>
<tr><td>预测工作区区域成矿要素图及属性库、编图说明书、元数据</td></tr>
<tr><td>省级单矿种（组）区域成矿规律图及属性库、编图说明书、元数据</td></tr>
<tr><td>省级区域成矿规律图及属性库、编图说明书、元数据</td></tr>
<tr><td>典型矿床研究资料Excel表格</td></tr>
</table>

续表

<table>
<tr><th>序号</th><th>省（市、自治区）</th><th>矿种（组）潜力评价成果</th><th>省级专题分类</th><th colspan="2">整理入库内容类别</th></tr>
<tr><td rowspan="33">1</td><td rowspan="33">30个省（市、自治区）包括黑龙江、吉林、辽宁、北京、天津、河北、山西、内蒙古、山东、河南、安徽、江苏（含上海）、浙江、江西、福建（含台湾）、湖北、湖南、广东、广西、海南、四川、重庆、贵州、云南、西藏、陕西、宁夏、甘肃、青海、新疆</td><td rowspan="33">23个矿种（铁、铝、铜、铅、锌、金、钨、锑、稀土、钾、磷、锡、钼、镍、锰、铬、银、锂、硫、萤石、菱镁矿、硼、重晶石）；部分省份还有汞矿、钒矿、锶矿等潜力评价成果需要汇总集成；煤炭、铀潜力评价成果分别由中国煤炭地质总局、中国核工业地质总局汇总集成</td><td rowspan="9">矿产预测研究</td><td colspan="2">典型矿床预测要素图及属性库、编图说明书、元数据</td></tr>
<tr><td colspan="2">预测工作区区域预测要素图及属性库、编图说明书、元数据</td></tr>
<tr><td colspan="2">预测工作区矿产预测类型预测成果图及属性库、编图说明书、元数据</td></tr>
<tr><td colspan="2">省级单矿种（组）预测成果图及属性库、编图说明书、元数据</td></tr>
<tr><td colspan="2">省级单矿种（组）勘查工作部署图及属性库、编图说明书、元数据</td></tr>
<tr><td colspan="2">省级单矿种（组）未来矿产开发基地预测图及属性库、编图说明书、元数据</td></tr>
<tr><td colspan="2">单矿种（组）IV、V级成矿区带图、编图说明书、元数据</td></tr>
<tr><td colspan="2">与预测相关过渡图件（预测工作区预测单元图、预测工作区最小预测区优选分布图、省级矿产预测类型最小预测区分布图）</td></tr>
<tr><td colspan="2">与预测相关Excel表格（典型矿床深部及外围共伴生矿产数据表、矿产预测类型最小预测区共伴生矿产数据表、省级××矿种（组）最小预测区归并成果共伴生矿产数据表）</td></tr>
<tr><td rowspan="10">重力资料应用</td><td colspan="2">预测工作区重力推断地质构造图及属性库、编图说明书、元数据</td></tr>
<tr><td colspan="2">预测工作区重力工作程度图及属性库、编图说明书、元数据</td></tr>
<tr><td colspan="2">预测工作区布格重力异常图及属性库、编图说明书、元数据</td></tr>
<tr><td colspan="2">预测工作区剩余重力异常图及属性库、编图说明书、元数据</td></tr>
<tr><td colspan="2">典型矿床布格重力异常图及属性库、编图说明书、元数据</td></tr>
<tr><td colspan="2">典型矿床剩余重力异常图及属性库、编图说明书、元数据</td></tr>
<tr><td rowspan="4">典型矿床综合成果图</td><td>典型矿床所在区域地质矿产及物探剖析图</td></tr>
<tr><td>典型矿床所在地区地质矿产及物探剖析图</td></tr>
<tr><td>典型矿床所在位置地质矿产及物探剖析图</td></tr>
<tr><td>典型矿床模式图</td></tr>
<tr><td rowspan="14">磁测资料应用</td><td colspan="2">省级磁法推断磁性矿床分布图及属性库、编图说明书、元数据</td></tr>
<tr><td colspan="2">预测工作区矿产预测类型磁法推断磁性矿产分布图及属性库、编图说明书、元数据</td></tr>
<tr><td colspan="2">预测工作区磁法推断地质构造图及属性库、编图说明书、元数据</td></tr>
<tr><td colspan="2">预测工作区磁异常范围分布图及属性库、编图说明书、元数据</td></tr>
<tr><td colspan="2">预测工作区航磁 ΔT 等值线平面图及属性库、编图说明书、元数据</td></tr>
<tr><td colspan="2">预测工作区航磁 ΔT 化极等值线平面图及属性库、编图说明书、元数据</td></tr>
<tr><td colspan="2">预测工作区航磁 ΔT 化极垂向一阶导数等值线平面图及属性库、编图说明书、元数据</td></tr>
<tr><td colspan="2">预测工作区地磁等值线平面图及属性库、编图说明书、元数据</td></tr>
<tr><td colspan="2">预测工作区地磁化极等值线平面图及属性库、编图说明书、元数据</td></tr>
<tr><td colspan="2">预测工作区地磁化极垂向一阶导数等值线平面图及属性库、编图说明书、元数据</td></tr>
<tr><td rowspan="4">典型矿床综合成果图</td><td>典型矿床所在区域地质矿产及物探剖析图</td></tr>
<tr><td>典型矿床所在地区地质矿产及物探剖析图</td></tr>
<tr><td>典型矿床所在位置地质矿产及物探剖析图</td></tr>
<tr><td>典型矿床模式图</td></tr>
</table>

<table>
<tr><th>序号</th><th>省（市、自治区）</th><th>矿种（组）潜力评价成果</th><th>省级专题分类</th><th colspan="3">整理入库内容类别</th></tr>
<tr><td rowspan="16">1</td><td rowspan="27">30个省（市、自治区）包括黑龙江、吉林、辽宁、北京、天津、河北、山西、内蒙古、山东、河南、安徽、江苏（含上海）、浙江、江西、福建（含台湾）、湖北、湖南、广东、广西、海南、四川、重庆、贵州、云南、西藏、陕西、宁夏、甘肃、青海、新疆</td><td rowspan="27">23个矿种（铁、铝、铜、铅、锌、金、钨、锑、稀土、钾、磷、锡、钼、镍、锰、铬、银、锂、硫、萤石、菱镁矿、硼、重晶石）；部分省份还有汞矿、钒矿、锶矿等潜力评价成果需要汇总集成；煤炭、铀潜力评价成果分别由中国煤炭地质总局、中国核工业地质总局汇总集成</td><td rowspan="7">化探资料应用</td><td colspan="3">省级地球化学找矿预测图及属性库、编图说明书、元数据</td></tr>
<tr><td colspan="3">预测工作区单元素地球化学图及属性库、编图说明书、元数据</td></tr>
<tr><td colspan="3">预测工作区单元素地球化学异常图及属性库、编图说明书、元数据</td></tr>
<tr><td colspan="3">预测工作区地球化学综合异常图及属性库、编图说明书、元数据</td></tr>
<tr><td colspan="3">预测工作区地球化学组合异常图</td></tr>
<tr><td rowspan="2">典型矿床综合成果图</td><td colspan="2">典型矿床单元素地球化学异常图</td></tr>
<tr><td colspan="2">典型矿床所在位置区域化探异常特征图</td></tr>
<tr><td rowspan="8">遥感资料应用</td><td colspan="3">预测工作区遥感矿产地质特征与近矿找矿标志解译图及属性库、编图说明书、元数据</td></tr>
<tr><td colspan="3">预测工作区遥感羟基异常分布图及属性库、编图说明书、元数据</td></tr>
<tr><td colspan="3">预测工作区遥感铁染异常分布图及属性库、编图说明书、元数据</td></tr>
<tr><td colspan="3">预测工作区蚀变矿物遥感异常分布图及属性库、编图说明书、元数据</td></tr>
<tr><td rowspan="4">典型矿床综合成果图</td><td colspan="2">典型矿床遥感矿产地质特征与近矿找矿标志解译图及属性库、编图说明书、元数据</td></tr>
<tr><td colspan="2">典型矿床遥感羟基异常分布图及属性库、编图说明书、元数据</td></tr>
<tr><td colspan="2">典型矿床遥感铁染异常分布图及属性库、编图说明书、元数据</td></tr>
<tr><td colspan="2">典型矿床蚀变矿物遥感异常分布图及属性库、编图说明书、元数据</td></tr>
<tr><td>自然重砂资料应用</td><td colspan="3">预测工作区自然重砂异常图及属性库、编图说明书、元数据</td></tr>
<tr><td rowspan="10">2</td><td rowspan="10">遥感资料应用－遥感影像图</td><td colspan="2" rowspan="5">典型矿床遥感影像图及编图说明书、元数据</td><td>与该遥感影像图配套MapGIS工程文件（*.mpj）</td></tr>
<tr><td>GeoTiff格式</td></tr>
<tr><td>Tiff格式</td></tr>
<tr><td>MSI格式</td></tr>
<tr><td>Gray格式</td></tr>
<tr><td colspan="2" rowspan="5">预测工作区遥感影像图及编图说明书、元数据</td><td>与该遥感影像图配套MapGIS工程文件（*.mpj）</td></tr>
<tr><td>GeoTiff格式</td></tr>
<tr><td>Tiff格式</td></tr>
<tr><td>MSI格式</td></tr>
<tr><td>Gray格式</td></tr>
<tr><td>3</td><td colspan="2">成矿地质背景研究、成矿规律研究、矿产预测研究、重力资料应用、磁测资料应用、化探资料应用、遥感资料应用、自然重砂资料应用</td><td colspan="2">各矿种（组）矿产潜力评价报告、各矿种（组）预测资源量估算说明报告、各专题研究报告及相关资料、数据、文档等</td></tr>
</table>

表 1-3　30 个省（市、自治区）的省级矿产资源潜力评价综合性汇总编图成果整理入库内容

序号	省（市、自治区）	省级专题分类	整理入库内容类别	
1	30 个省（市、自治区）包括黑龙江、吉林、辽宁、北京、天津、河北、山西、内蒙古、山东、河南、安徽、江苏（含上海）、浙江、江西、福建（含台湾）、湖北、湖南、广东、广西、海南、四川、重庆、贵州、云南、西藏、陕西、宁夏、甘肃、青海、新疆	成矿地质背景研究	成矿地质背景综合研究编图及属性库、编图说明书、元数据等	
			其他相关综合成果图件、数据、卡片、图片、表格、报告等资料	
		重力资料应用	重力资料应用综合研究编图及属性库、编图说明书、元数据等	
			其他相关综合成果图件、数据、卡片、图片、表格、报告等资料	
		磁测资料应用	磁测资料应用综合研究编图及属性库、编图说明书、元数据等	
			其他相关综合成果图件、数据、卡片、图片、表格、报告等资料	
		化探资料应用	化探资料应用综合研究编图及属性库、编图说明书、元数据等	
			其他相关综合成果图件、数据、卡片、图片、表格、报告等资料	
		遥感资料应用	遥感资料应用综合研究编图及属性库、编图说明书、元数据等	
			相关遥感影像图及属性库、编图说明书、元数据等	与遥感影像图配套 MapGIS 工程文件（*. mpj）
				GeoTiff 格式
				Tiff 格式
				MSI 格式
				Gray 格式
			其他相关综合成果图件、数据、卡片、图片、表格、报告等资料	
		自然重砂资料应用	自然重砂资料应用综合研究编图及属性库、编图说明书、元数据等	
			其他相关综合成果图件、数据、卡片、图片、表格、报告等资料	
2		省级多专业综合成果	省级矿产资源潜力评价工作总报告、各专题研究成果报告，以及多专业综合图件、数据、卡片、图片、表格等资料	

二、6 个大区范围综合性编图成果整理入库内容

表 1-4　6 个大区范围综合性编图成果整理入库内容

序号	大区	大区专题分类	整理入库内容类别
1	华北、东北、华东、中南、西南、西北	成矿地质背景研究	成矿地质背景研究专题综合研究性成果图件及属性库、编图说明书、元数据
		成矿规律研究	成矿规律研究专题综合研究性成果图件及属性库、编图说明书、元数据
		矿产预测研究	矿产预测研究专题综合研究性成果图件及属性库、编图说明书、元数据
		重力资料应用	重力资料应用专题综合研究性成果图件及属性库、编图说明书、元数据
		磁测资料应用	磁测资料应用专题综合研究性成果图件及属性库、编图说明书、元数据
		化探资料应用	化探资料应用专题综合研究性成果图件及属性库、编图说明书、元数据
		遥感资料应用	遥感资料应用专题综合研究性成果图件及属性库、编图说明书、元数据
		自然重砂资料应用	自然重砂资料应用专题综合研究性成果图件及属性库、编图说明书、元数据

续表

<table>
<tr><th>序号</th><th>大区</th><th>大区专题分类</th><th colspan="2">整理入库内容类别</th></tr>
<tr><td rowspan="5">2</td><td rowspan="6">华北、东北、华东、中南、西南、西北</td><td rowspan="5">遥感资料应用－遥感影像图</td><td rowspan="5">大区范围遥感影像图及编图说明书、元数据</td><td>与遥感影像图配套 MapGIS 工程文件（＊. mpj）</td></tr>
<tr><td>GeoTiff 格式</td></tr>
<tr><td>Tiff 格式</td></tr>
<tr><td>MSI 格式</td></tr>
<tr><td>Gray 格式</td></tr>
<tr><td>3</td><td>成矿地质背景研究、成矿规律研究、矿产预测研究、重力资料应用、磁测资料应用、化探资料应用、遥感资料应用、自然重砂资料应用</td><td colspan="2">大区范围矿产潜力评价工作总报告、大区范围各矿种（组）矿产潜力评价研究报告、大区范围各专题研究成果报告及相关资料、数据、表格等</td></tr>
</table>

三、8 个专业的全国范围综合编图成果数据整理入库内容

表 1－5　8 个专业全国范围综合性编图成果整理入库内容

<table>
<tr><th>序号</th><th>全国专题分类</th><th colspan="2">成果类别</th></tr>
<tr><td rowspan="8">1</td><td>成矿地质背景研究</td><td colspan="2">成矿地质背景研究专题综合研究性成果图件及属性库、编图说明书、元数据</td></tr>
<tr><td>成矿规律研究</td><td colspan="2">成矿规律研究专题综合研究性成果图件及属性库、编图说明书、元数据</td></tr>
<tr><td>矿产预测研究</td><td colspan="2">矿产预测研究专题综合研究性成果图件及属性库、编图说明书、元数据</td></tr>
<tr><td>重力资料应用</td><td colspan="2">重力资料应用专题综合研究性成果图件及属性库、编图说明书、元数据</td></tr>
<tr><td>磁测资料应用</td><td colspan="2">磁测资料应用专题综合研究性成果图件及属性库、编图说明书、元数据</td></tr>
<tr><td>化探资料应用</td><td colspan="2">化探资料应用专题综合研究性成果图件及属性库、编图说明书、元数据</td></tr>
<tr><td>遥感资料应用</td><td colspan="2">遥感资料应用专题综合研究性成果图件及属性库、编图说明书、元数据</td></tr>
<tr><td>自然重砂资料应用</td><td colspan="2">自然重砂资料应用专题综合研究性成果图件及属性库、编图说明书、元数据</td></tr>
<tr><td rowspan="5">2</td><td rowspan="5">遥感资料应用－遥感影像图</td><td rowspan="5">全国范围遥感影像图及编图说明书、元数据</td><td>与遥感影像图配套 MapGIS 工程文件（＊. mpj）</td></tr>
<tr><td>GeoTiff 格式</td></tr>
<tr><td>Tiff 格式</td></tr>
<tr><td>MSI 格式</td></tr>
<tr><td>Gray 格式</td></tr>
<tr><td>3</td><td>成矿地质背景研究、成矿规律研究、矿产预测研究、重力资料应用、磁测资料应用、化探资料应用、遥感资料应用、自然重砂资料应用</td><td colspan="2">全国范围各矿种（组）矿产潜力评价研究总结报告、各专题研究总结报告及相关资料、数据、表格等</td></tr>
</table>

第二节　工作目标

一、开展资料性汇总，建立全国矿产资源潜力评价成果空间数据库

全国矿产资源潜力评价成果数据整理入库工作总体目标，即将上述三个层次内容（30个省级成果（包括省区、预测工作区、典型矿床研究区以及省级汇总综合）、6个大区综合成果、8个专业全国综合成果），全部按规定要求和指标整理入库，建立全国矿产资源潜力评价成果空间数据库。全国矿产资源潜力评价成果空间数据库概念内容构成如图1－1所示。

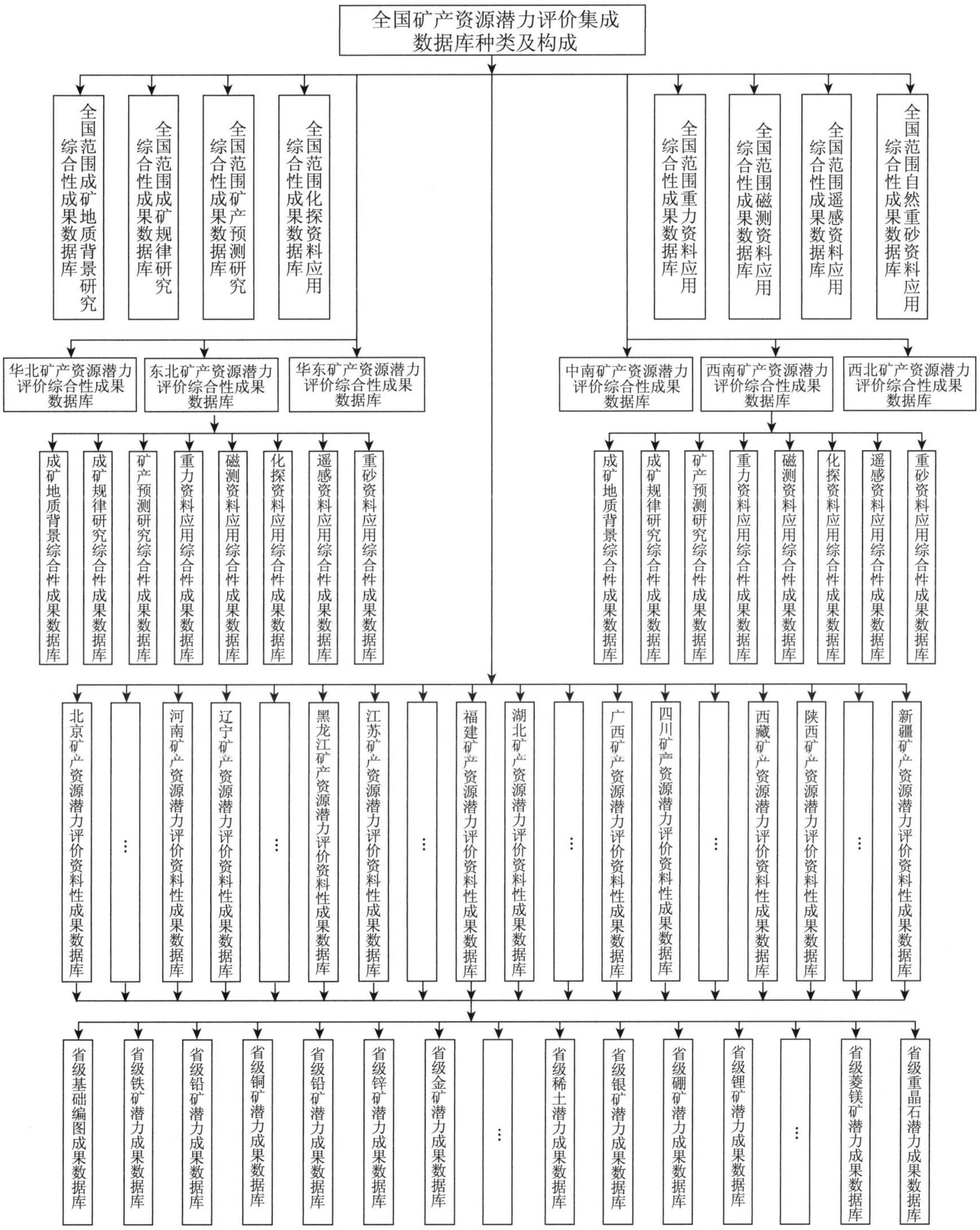

图1－1　全国矿产资源潜力评价成果空间数据库概念内容构成

二、开展整合与集成，支撑全国矿产资源潜力评价工作常态化

基于全国矿产资源潜力评价成果图件等相关数据，提取基础性、结论性地质要素（空间及专业属性同时具有的实体），建立空间实体库；提供基础地质数据库接口，支持与基础地质数据库集成；建立系统元数据库，把全国矿产资源潜力评价成果数据管好、用好，支撑全国矿产资源潜力评价工作常态化、可持续。全国矿产资源潜力评价成果空间数据库逻辑内容构成如图1-2所示。

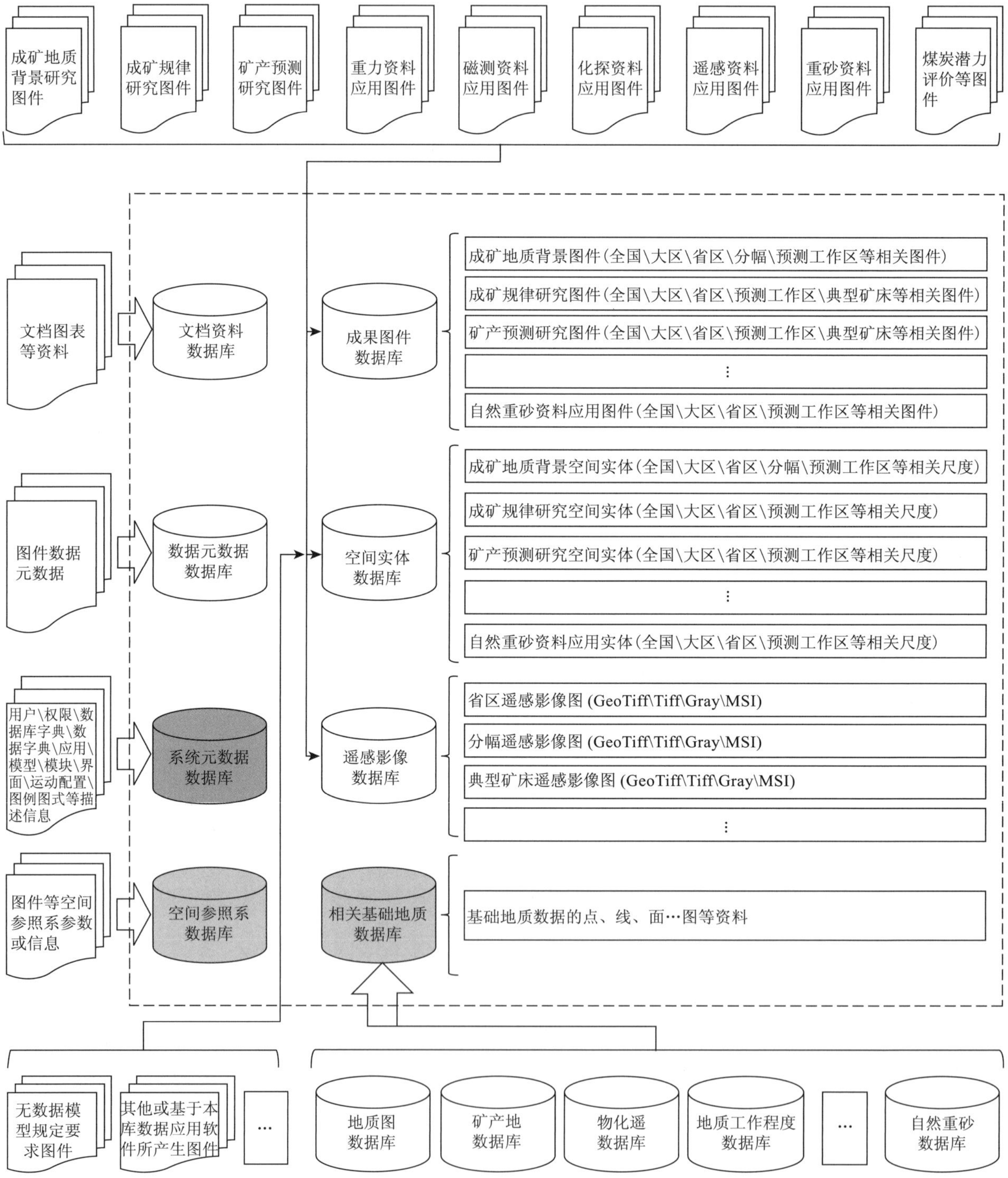

图1-2　全国矿产资源潜力评价成果空间数据库逻辑内容构成

全国矿产资源潜力评价成果数据集成管理应用平台 DipMopa 的模块框架如图 1 - 3 所示。
全国矿产资源潜力评价数据集成管理应用平台 DipMopa 体系结构如图 1 - 4 所示。

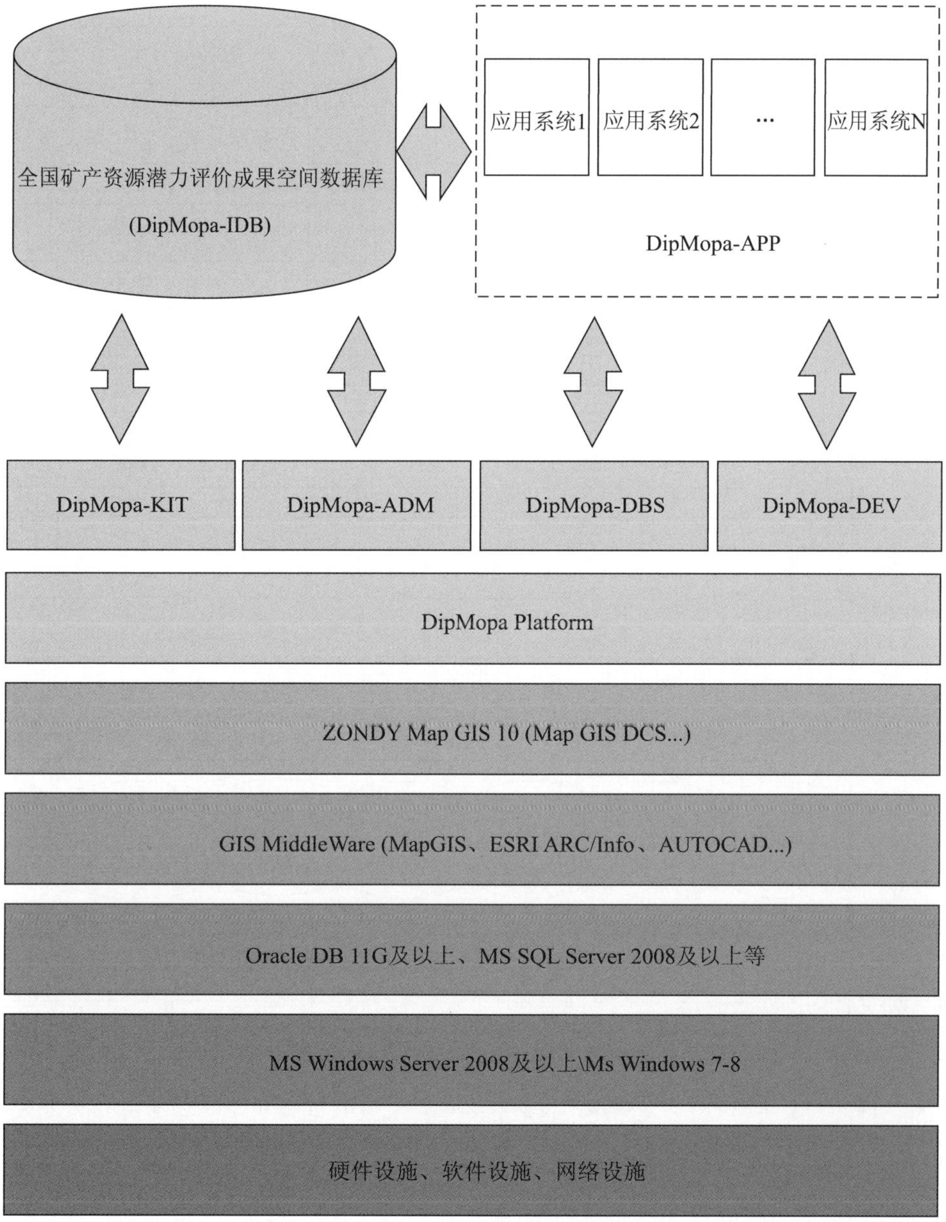

图 1 - 3　全国矿产资源潜力评价成果数据集成管理应用平台 DipMopa 的模块框架

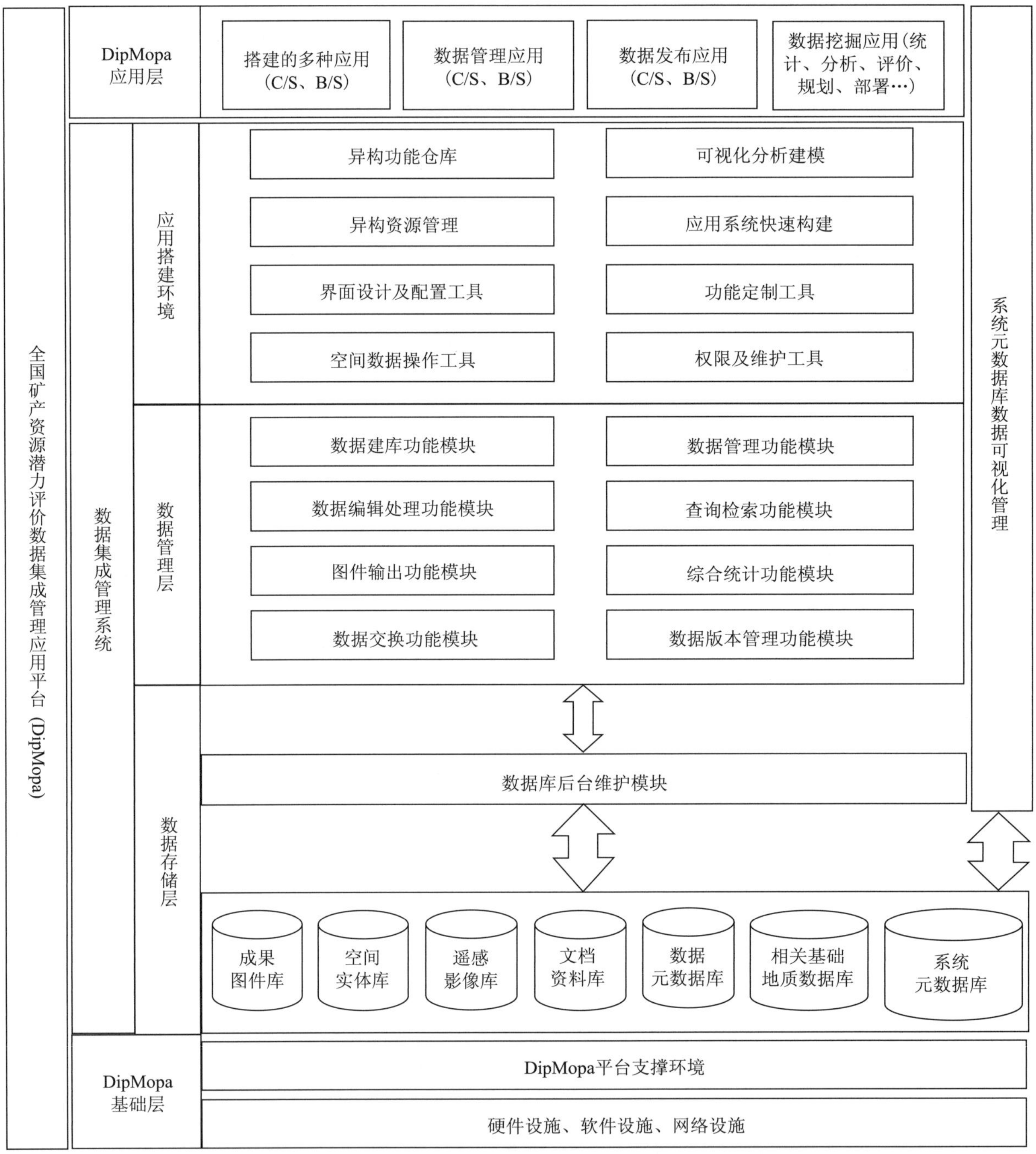

图1－4　全国矿产资源潜力评价数据集成管理应用平台 DipMopa 的体系结构

第二章　工作范围及内容

第一节　工作流程

为保证整理入库工作实施顺利和工作成果质量，全国矿产资源潜力评价成果数据整理入库任务应遵循的工作流程如图2－1所示，具体整理入库任务的实施流程及技术方案，应依据承担单位技术力

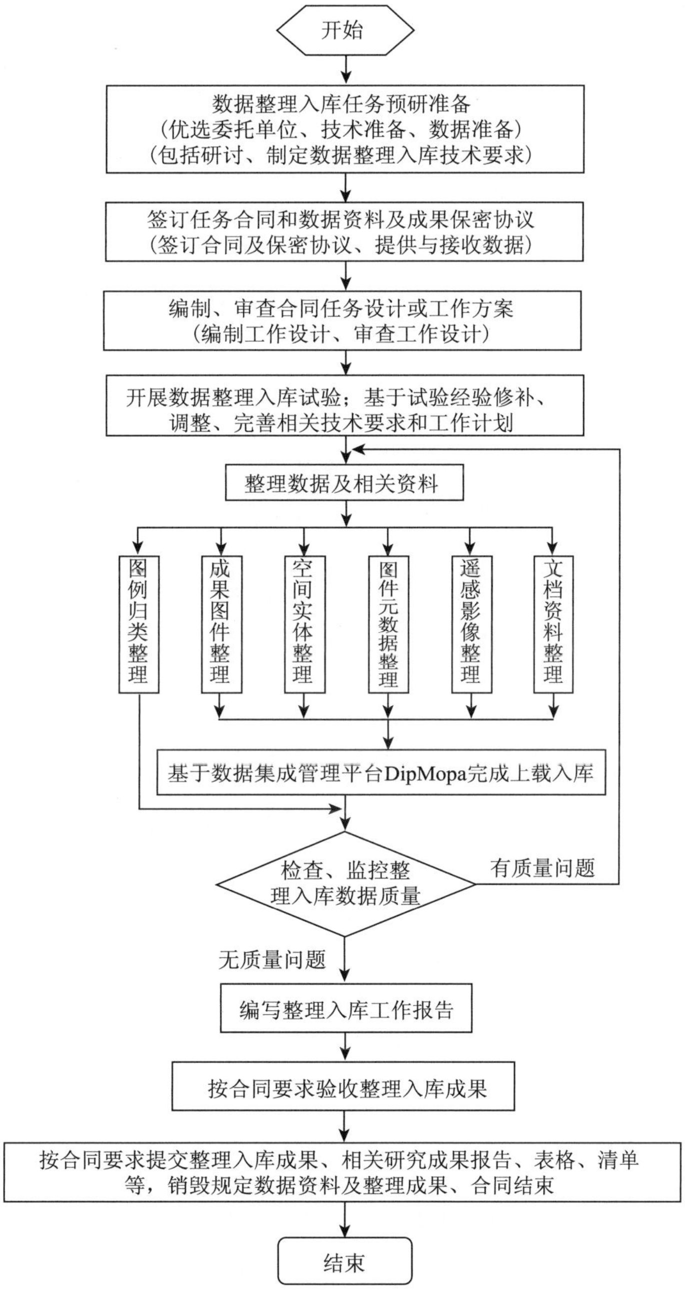

图2－1　全国矿产资源潜力评价成果数据整理入库工作总体流程

量和承担任务实际情况，由各承担任务单位制定实施流程及技术方案并提交任务委托方审核，要求满足本技术要求规定指标即可组织实施。

第二节　工作范围

一、需整理的成果数据

依据工作任务，需要整理入库的全国矿产资源潜力评价成果数据总体上包括三个层次内容：即省级成果（见表1－1、表1－2、表1－3），包括30个省（市、区）基础研究成果，每个省（市、区）基础研究成果还可细分为省区、预测工作区、典型矿床研究区成果；大区综合成果（见表1－4），包括东北、华北、华东、中南、西南、西北6个大区综合成果；全国范围综合成果（见表1－5），包括成矿地质背景研究、成矿规律研究、矿产预测研究、重力资料应用、磁测资料应用、化探资料应用、遥感资料应用、自然重砂资料应用8个专业全国范围综合成果。每个层次矿产资源潜力评价工作所形成的成果数据，均可分为如下四种形式：

1. 成果图件

指本次全国矿产资源潜力评价工作按各专业编图技术要求和矿产资源潜力评价数据模型规定编制的、格式为MapGIS6.5或6.7的矢量图件，其中各专业图层要素已按矿产资源潜力评价数据模型规定、相关专业技术要求和地质工作程度赋予了相应专业属性数据或下属词代码。每个成果图件均有编图说明书（MS Word格式）、元数据文件、质检卡。

2. 文档资料

指本次全国矿产资源潜力评价工作所形成的各类专题文字报告（MS Word格式）、资料表格（MS Excel格式）、卡片、图片（JPEG等格式）、多媒体（MS PPT格式）等相关资料。其中文字报告包括各专业基础编图研究报告、各专业区域编图研究报告、单矿种成规律研究报告、单矿种预测评价研究报告、单矿种预测资源量估算说明报告、各专题研究成果报告、工作总报告，以及各专业（成矿地质背景研究、成矿规律研究、矿产预测研究、重力资料应用、磁测资料应用、化探资料应用、遥感资料应用、自然重砂资料应用等）要求提交的MS Excel格式资料性表格、卡片文件、图片文件等。

3. 元数据

指本次全国矿产资源潜力评价工作所编的成果图件（主要包括矿产资源潜力评价数据模型规定的图件类别），一般均要求有相应图件元数据文件。每个图件要求提交格式分别为TXT、XML两种格式的元数据文件。

4. 遥感影像图

指本次全国矿产资源潜力评价工作所形成的基础编图遥感影像图、区域遥感影像图，以及典型矿床研究遥感影像图，且每个遥感影像图依应用需要均有四种格式（GeoTiff、Tiff、MSI、Gray）的影像图，另外，还有与遥感影像图配套的矢量图，即MapGIS工程文件（*.mpj）。此五种形式遥感影像成果数据，均要求整理入库。

二、需提取的空间实体

所谓空间实体，即具有严格地理坐标和专业属性的点、线、面、体要素。空间实体可以借助测量手段直接从野外获取，也可以从现有成果图件提取。将基础性、结论性的空间实体按空间数据库方式建立空间数据库，即空间实体数据库，便于今后开展深入、持续、综合应用。本次从全国矿产资源潜力评价成果图件中提取空间实体工作，依据全国矿产资源潜力评价成果图件的三个层次，也可分如下三个层次的提取整理入库工作：

1. 省级成果图件提取空间实体规定

依据基础性、结论性的提取空间实体原则，可以提取空间实体数据的省级成果图件包括全省范围成果图件、预测工作区成果图件，不包括典型成果矿床图件。主要为非地理和非整饰的图层数据。具体提取空间实体范围界定如下。

其一，从全省范围成果图件可以提取空间实体数据，一般包括：

1）1∶25 万分幅实际材料图、1∶25 万分幅建造构造图、省级大地构造相图中的所有非地理数据图层数据。

2）矿产预测类型分布图中的矿产预测类型和分布范围数据、矿产地数据、矿产地特征数据、成矿时代数据、成矿区带及界线数据、矿产预测类型最小预测区数据、成矿区带预测成果汇总数据、矿种（组）最小预测区归并成果数据、矿种（组）预测工作区预测成果数据、勘查工作部署建议数据、单矿种（组）区域成矿规律图数据、综合区域成矿规律图数据。

3）各专业省级工作程度图数据。

4）布格重力异常数据、剩余重力异常数据，重力推断地质构造类数据。

5）磁异常及范围数据、磁法 ΔT 等值线数据、磁法 ΔT 化极等值线数据、磁法 ΔT 垂向一导等值线数据、磁法推断磁性矿床数据、磁法推断地质构造图类数据。

6）化探采样点位数据，地球化学景观数据，单元素含量分布等值线（线、面）数据，单元素地球化学异常范围数据，主成矿元素异常范围数据，主要伴生、共生元素异常下限数据，化探推断地质构造类数据，岩石地球化学平面异常特征数据，土壤地球化学异常特征数据，水系沉积物地球化学异常特征数据，岩石地球化学平面组合异常特征数据，土壤地球化学组合异常特征数据，水系沉积物地球化学组合异常特征数据，地球化学找矿预测区数据，地球化学找矿靶区数据。

7）自然重砂异常数据。

8）遥感影像解译图类数据，即分幅矿产地质构造推断类数据、分幅羟基异常要素数据和铁染异常要素数据、遥感异常组合要素数据。

9）省级煤田地质图、煤炭勘查开发现状图、评价图、勘查部署建议图、煤田构造纲要图、成煤期岩相古地理古构造图、煤类分布图。

其二，从预测工作区范围成果图件可以提取空间实体数据，一般包括：

1）预测工作区构造岩相古地理图要素数据、沉积建造构造图要素数据、地貌与第四纪地质图要素数据、火山岩性岩相构造图要素数据、侵入岩浆构造图要素数据、变质建造构造图要素数据、建造构造图要素数据。

2）区域成矿构造类数据、找矿标志数据、矿化蚀变标志数据、区域矿化蚀变地质体类数据、矿产地成矿建造类数据、矿产地成矿构造类数据。

3）重力推断地质构造类数据、布格重力异常类数据、剩余重力异常类数据。

4）航磁 ΔT 化极等值线要素数据、航磁 ΔT 化极垂向一阶导数等值线要素数据、航磁 ΔT 化极垂向一阶导数等值线要素数据、地磁等值线要素数据、地磁化极等值线要素数据、地磁化极垂向一阶导数等值线要素数据。

5）×元素地球化学含量分布类数据、×元素地球化学异常类数据、地球化学综合异常要素类数据。

6）矿产预测类型遥感羟基异常类数据、矿产预测类型遥感铁染异常类数据、蚀变矿物遥感异常要素类数据。

7）自然重砂异常类数据。

需要提取空间实体的省级矿产资源潜力评价成果图件类别及提取内容如表 2－1、表 2－2 所示。

表 2－1　要求提取空间实体的省级基础成果图件类别及提取内容

专业	图件或图件及其属性库种类	需提取的空间实体
成矿地质背景研究	1∶25 万分幅实际材料图及其属性库	岩性（面）
		地质界线（线）
		断裂（线）
		韧性剪切带（面）
		褶皱（线）
		蚀变带（面）
		化石采样点（点）
		同位素年龄（点）
		岩石化学样品采样点（点）
		地球化学样品采样点（点）
		同位素样品采样点（点）
		地质路线（线）
		地质点（点）
		地质剖面位置（线）
		钻孔（点）
		产状要素（点）
	1∶25 万分幅建造构造图及其属性库	沉积岩建造（面）
		火山岩性岩相（面）
		火山构造（面）
		侵入岩（面）
		构造岩浆带（面）
		变质岩建造（面）
		大型变形构造（面）
		地质界线（线）
		断裂（线）
		韧性剪切带（面）
		褶皱（线）
		同位素年龄（点）
		产状要素（点）
	省级大地构造相图	大地构造相单元（面）
		大地构造相单元界线（线）
		特殊地质体（面）
		重要同位素年龄（点）
		断裂（线）
		沉积岩岩石构造组合（面）
		火山岩岩石构造组合（面）
		侵入岩岩石构造组合（面）
		变质岩岩石构造组合（面）
		岩石构造组合边界（线）
		大型变形构造（面）

续表

专业	图件或图件及其属性库种类	需提取的空间实体
成矿规律研究	省级区域成矿规律图	成矿区带（面）
		成矿区带界线（线）
		矿产地特征（点）
		找矿标志（点）
		矿化蚀变标志（点）
		矿化蚀变标志（线）
		成矿时代（点）
重力资料应用	省级重力工作程度图及其属性库	重力工作程度（面）
		重力工作程度（线）
	省级重力推断地质构造图及其属性库	重力推断断裂构造（线）
		重力推断构造单元（线）
		重力推断地层（面）
		重力推断构造岩浆岩带（面）
		重力推断岩体（面）
		重力推断盆地（面）
		重力推断推覆构造（面）
		重力推断火山机构（线）
	省级布格重力异常图及其属性库	布格异常符号（点）
		布格异常面（面）
		布格异常线（线）
	省级剩余重力异常图及其属性库	剩余异常编号（点）
		剩余异常面（面）
磁测资料应用	省级航磁工作程度图及其属性库	航磁工作程度范围（面）
		航磁工作程度范围（线）
	省级地磁工作程度图及其属性库	地磁工作程度范围（面）
		地磁工作程度范围（线）
	省级磁法推断地质构造图及其属性库	磁法推断断裂构造（线）
		磁法推断火山构造（线）
		磁法推断侵入岩体（面）
		磁法推断火山岩地层（面）
		磁法推断变质岩地层（面）
		磁法推断磁性蚀变带（面）
	省级磁异常分布图及其属性库	磁异常中心点（点）
	省级航磁 ΔT 等值线平面图及其属性库	航磁 ΔT 等值线区（面）
		航磁 ΔT 等值线（线）
	省级航磁 ΔT 化极等值线平面图	航磁 ΔT 化极等值线区（面）
		航磁 ΔT 化极等值线（线）
	省级航磁 ΔT 化极垂向一阶导数等值线平面图及其属性库	航磁 ΔT 化极垂向一阶导数等值线区（面）
		航磁 ΔT 化极垂向一阶导数等值线（线）

续表

专业	图件或图件及其属性库种类	需提取的空间实体
化探资料应用	省级地球化学采样点位图及其属性库	地球化学采样点位（点）
	省级地球化学景观图及其属性库	地球化学景观区（面）
		地球化学景观区（线）
	省级地球化学工作程度图及其属性库	地球化学工作程度（面）
		地球化学工作程度（线）
	省级单元素地球化学图及其属性库	元素含量分布等值线（线）
		元素含量分布等值区（面）
	省级单元素地球化学异常图及其属性库	元素地球化学异常范围（面）
		元素地球化学异常范围（线）
	省级地球化学综合异常图及其属性库	主成矿元素异常范围（面）
		主成矿元素异常范围（线）
		主要伴生、共生元素异常下限（线）
	省级地球化学推断地质构造图及其属性库	地球化学推断构造（线）
		地球化学推断岩体（面）
		地球化学推断找矿远景区（面）
遥感资料应用	省级遥感工作程度图	遥感工作程度范围（面）
		遥感工作程度范围（线）
	省级遥感构造解译图及其属性库	遥感断层要素（线）
		遥感脆韧性变形构造带要素（线）
		遥感逆冲推覆滑脱构造要素（线）
		遥感环状要素（线）
	省级遥感异常组合图及其属性库	遥感异常组合要素（面）
		遥感异常组合要素（线）
	1：25 万分幅遥感矿产地质特征解译图及其属性库	遥感断层要素（线）
		遥感脆韧性变形构造带要素（线）
		遥感逆冲推覆滑脱构造要素（线）
		遥感环状要素（线）
		遥感块状要素（线）
		遥感色要素（面）
		遥感带状要素（面）
	1：25 万分幅遥感羟基异常分布图及其属性库	遥感羟基异常要素（面）
		遥感羟基异常要素（线）
	1：25 万分幅遥感铁染异常分布图及其属性库	遥感铁染异常要素（面）
		遥感铁染异常要素（线）
自然重砂资料应用	省级自然重砂异常图及其属性库	自然重砂异常分布（面）
		自然重砂异常分布（线）
	省级自然重砂工作程度图	自然重砂工作程度范围（面）
		自然重砂工作程度范围（线）
	省级自然重砂采样点位图	自然重砂采样点位（点）

表 2－2　要求提取空间实体的省级×矿种（组）成果图件类别及提取内容

专业	图件或图件及其属性库种类		需提取的空间实体
成矿地质背景研究	×矿预测工作区地质构造专题底图及其属性库	预测工作区构造岩相古地理图及其属性库	构造古地理单元（面）
			盆地构造（面）
			沉积相（沉积亚相）单元（面）
			沉积等厚线及沉积中心（线）
			古水流方向和物源供给方向（点）
			特殊标志层（面）
		预测工作区沉积建造构造图及其属性库	沉积岩建造（面）
			沉积岩建造界线（线）
			侵入岩（面）
			火山岩性岩相（面）
			变质岩建造（面）
			特殊标志层（面）
			柱状剖面点（点）
			（沉积矿产）矿（床）点（点）
			地质界线（线）
			断裂（线）
			褶皱（线）
			产状要素（点）
			岩石化学样品采样点（点）
			地球化学样品采样点（点）
			同位素样品采样点（点）
		预测工作区地貌与第四纪地质图及其属性库	地层单元（面）
			地貌单元（面）
			地貌单元界线（线）
			含矿层（含卤层）（面）
			（沉积矿产）矿（床）点
			基岩单元（面）
			柱状剖面点（点）
			地质界线（线）
			断裂（线）
			产状要素（点）
			钻孔（点）
			同位素年龄（点）
			化石采样点（点）
		预测工作区火山岩性岩相构造图及其属性库	火山岩性岩相（面）
			火山构造（面）
			侵入岩（面）
			沉积岩建造（面）
			构造岩浆带（面）
			变质岩建造（面）

续表

专业	图件或图件及其属性库种类		需提取的空间实体
成矿地质背景研究	×矿预测工作区地质构造专题底图及其属性库	预测工作区火山岩性岩相构造图及其属性库	地质界线（线）
			断裂（线）
			韧性剪切带（面）
			褶皱（线）
			蚀变带（面）
			产状要素（点）
			同位素年龄（点）
			岩石化学样品采样点（点）
			地球化学样品采样点（点）
			同位素样品采样点（点）
		预测工作区侵入岩浆构造图及其属性库	侵入岩（面）
			构造岩浆带（面）
			沉积岩建造（面）
			火山岩性岩相（面）
			变质岩建造（面）
			地质界线（线）
			断裂（线）
			韧性剪切带（面）
			褶皱（线）
			蚀变带（面）
			产状要素（点）
			同位素年龄（点）
			岩石化学样品采样点（点）
			地球化学样品采样点（点）
			同位素样品采样点（点）
		预测工作区变质建造构造图及其属性库	变质岩建造（面）
			沉积岩建造（面）
			侵入岩（面）
			火山岩性岩相（面）
			地质界线（线）
			断裂（线）
			韧性剪切带（面）
			褶皱（线）
			蚀变带
			产状要素（点）
			同位素年龄（点）
			岩石化学样品采样点（点）
			地球化学样品采样点（点）
			同位素样品采样点（点）

续表

专业	图件或图件及其属性库种类		需提取的空间实体
成矿地质背景研究	×矿预测工作区地质构造专题底图及其属性库	预测工作区建造构造图及其属性库	沉积岩建造（面）
			火山岩性岩相（面）
			火山构造（面）
			侵入岩（面）
			构造岩浆带（面）
			变质岩建造（面）
			大型变形构造（面）
			地质界线（线）
			断裂（线）
			韧性剪切带（面）
			褶皱（线）
			同位素年龄（点）
			产状要素（点）
成矿规律与矿产预测研究	省级×矿预测类型分布图及其属性库		矿产预测类型划分（点）
			矿产预测类型分布区界线（线）
	省级×矿（组）矿产地数据表		×矿（组）矿产地数据表
	×矿预测工作区成矿要素图及其属性库		区域成矿构造（线）
			推断控矿构造带（线）
			成矿区带（面）
			成矿区带界线（线）
			找矿标志（点）
			矿化蚀变标志（点）
			矿化蚀变标志（线）
			区域矿化蚀变地质体（面）
			矿产地（点）（包括矿床、矿点、矿化点）
			沉积型矿产地成矿建造（面）
			火山型矿产地成矿建造（面）
			变质型矿产地成矿建造（面）
			侵入岩型、复合“内生”型、层控“内生”型矿产地侵入体（面）
			复合“内生”型矿床围岩地质体（面）
			成矿侵入岩体岩相构造（线）
			成矿火山构造（线）
			成矿侵入角砾岩（面）
			成矿侵入接触构造（线）
			成矿断裂构造（线）
			成矿褶皱构造（线）
			成矿后构造（线）
	省级×矿区域成矿规律图及其属性库		×矿（组）矿产地特征（点）
			×矿（组）找矿标志（点）
			×矿（组）矿化蚀变标志（点）
			×矿（组）矿化蚀变标志（线）
			×矿（组）成矿时代（点）
			×矿（组）找矿远景区（面）

续表

专业	图件或图件及其属性库种类	需提取的空间实体
成矿规律与矿产预测研究	省级×矿种Ⅳ、Ⅴ级成矿区带图	×矿种Ⅳ、Ⅴ级成矿区带（面）
		×矿种Ⅳ、Ⅴ级成矿区带界线（线）
	省级×矿预测工作区矿产预测类型预测成果图及其属性库	×矿矿产预测类型最小预测区（面）
		×矿产预测类型最小预测区（线）
	省级×矿种预测成果图及其属性库	×矿种（组）成矿区带预测成果汇总（面）
		×矿种（组）成矿区带预测成果汇总（线）
		×矿种（组）预测工作区预测成果（面）
		×矿种（组）预测工作区预测成果（线）
		×矿种（组）最小预测区归并成果（面）
		×矿种（组）最小预测区归并成果（线）
	省级×矿种勘查工作部署图及其属性库	×矿种（组）勘查工作部署建议（面）
		×矿种（组）勘查工作部署建议（线）
		×矿种（组）已有工作程度（线）
	省级×矿种未来矿产开发基地预测图及其属性库	×矿种（组）未来矿产开发基地预测区（面）
		×矿种（组）未来矿产开发基地预测区（线）
	省级×矿所有典型矿床研究区边界图	×矿所有典型矿床研究区边界
		×矿所有典型矿床研究区名称
	省级×矿所有预测工作区边界图	×矿所有预测工作区边界
		×矿所有预测工作区名称
	省级×矿预测工作区布格重力异常图及其属性库	布格异常符号（点）
		布格异常值标注（点）
		布格异常线（线）
		布格异常面（面）
	省级×矿预测工作区剩余重力异常图及其属性库	剩余异常编号（点）
		剩余异常标注（点）
		剩余异常线（线）
		剩余异常面（面）
	省级×矿预测工作区重力推断地质构造图及其属性库	局部重力异常与矿产（点）
		重力推断断裂构造（线）
		重力推断构造单元（线）
		重力推断地层（面）
		重力推断构造岩浆岩带（面）
		重力推断岩体（面）
		重力推断盆地（面）
		重力推断推覆构造（面）
		重力推断火山机构（线）
磁测资料应用	省级×矿预测工作区航磁 ΔT 等值线平面图及其属性库	航磁 ΔT 等值线区（面）
		航磁 ΔT 等值线线（线）
		航磁 ΔT 等值线注释（点）
	省级×矿预测工作区航磁 ΔT 化极等值线平面图及其属性库	航磁 ΔT 化极等值线区（面）
		航磁 ΔT 化极等值线线（线）
		航磁 ΔT 化极等值线注释（点）

续表

专业	图件或图件及其属性库种类	需提取的空间实体
磁测资料应用	省级×矿预测工作区航磁 ΔT 化极垂向一阶导数等值线平面图及其属性库	航磁 ΔT 化极垂向一阶导数等值线区（面）
		航磁 ΔT 化极垂向一阶导数等值线线（线）
		航磁 ΔT 化极垂向一阶导数等值线注释（点）
	省级×矿预测工作区地磁等值线平面图及其属性库	地磁等值线区（面）
		地磁等值线线（线）
		地磁等值线注释（点）
	省级×矿预测工作区地磁化极等值线平面图及其属性库	地磁化极等值线区（面）
		地磁化极等值线线（线）
		地磁化极等值线注释（点）
	省级×矿预测工作区地磁化极垂向一阶导数等值线平面图及其属性库	地磁化极垂向一阶导数等值线区（面）
		地磁化极垂向一阶导数等值线线（线）
		地磁化极垂向一阶导数等值线注释（点）
	省级×矿预测工作区磁法推断地质构造图及其属性库	磁法推断断裂构造（线）
		磁法推断火山构造（线）
		磁法推断侵入岩体边界（线）
		磁法推断火山岩地层边界（线）
		磁法推断变质岩地层边界（线）
		磁法推断磁性蚀变带边界（线）
		磁法推断侵入岩体（面）
		磁法推断火山岩地层（面）
		磁法推断变质岩地层（面）
		磁法推断磁性蚀变带（面）
		磁法推断断裂构造编号（点）
		磁法推断侵入岩体编号（点）
		磁法推断火山构造编号（点）
		磁法推断火山岩地层编号（点）
		磁法推断变质岩地层编号（点）
		磁法推断磁性蚀变带编号（点）
	省级×矿预测工作区矿产预测类型磁法推断磁性矿产分布图及其属性库	×矿磁法推断/已知磁性矿体范围（面）
	省级×矿预测工作区磁异常范围分布图及其属性库	×矿磁异常范围（面）
	省级×矿磁法推断磁性矿床分布图及其属性库	×矿磁法推断/已知磁性矿床（点）
化探资料应用	省级×矿预测工作区单元素地球化学图及其属性库	×元素含量分布等值线（线）
		×元素含量分布等值区（面）
	省级×矿预测工作区单元素地球化学异常图及其属性库	×元素地球化学异常边界（线）
		×元素地球化学异常范围（面）
	省级×矿预测工作区地球化学综合异常图及其属性库	主成矿元素异常边界（线）
		主成矿元素异常范围（面）
		主要伴生、共生元素异常下限（线）
	省级×矿地球化学找矿预测图及其属性库	×矿地球化学找矿预测区（面）
		×矿地球化学找矿预测区（线）
		×矿地球化学找矿靶区（面）
		×矿地球化学找矿靶区（线）
		×矿地球化学找矿预测区标注（点）

续表

专业	图件或图件及其属性库种类	需提取的空间实体
遥感资料应用	省级×矿预测工作区遥感矿产地质特征与近矿找矿标志解译图及其属性库	遥感断层要素（线）
		遥感脆韧性变形构造带要素（线）
		遥感逆冲推覆滑脱构造要素（线）
		遥感环状要素（线）
		遥感块状要素（线）
		遥感色要素（面）
		遥感带状要素（面）
		遥感近矿找矿标志要素（面）
		遥感最小预测区要素（线）
	省级×矿预测工作区遥感羟基异常分布图及其属性库	遥感羟基异常要素（面）
		遥感羟基异常要素（线）
	省级×矿预测工作区遥感铁染异常分布图及其属性库	遥感铁染异常要素（面）
		遥感铁染异常要素（线）
	省级×矿预测工作区蚀变矿物遥感异常分布图及其属性库	蚀变矿物遥感异常（面）
		蚀变矿物遥感异常（线）
自然重砂资料应用	省级×矿预测工作区自然重砂异常图及其属性库	×矿自然重砂异常分布（面）
		×矿自然重砂异常边界（线）

2. 大区级成果图件提取空间实体规定（如表2－3）

表2－3　要求提取空间实体的大区级成果图件类别及提取内容

专业	图件或图件种类		需提取的空间实体
成矿地质背景研究	××大区地质构造专题底图	××大区构造岩相古地理图	构造古地理单元（面）
			盆地构造（面）
			沉积相（沉积亚相）单元（面）
			沉积等厚线及沉积中心（线）
			古水流方向和物源供给方向（点）
			特殊标志层（面）
		××大区沉积建造构造图	沉积岩建造（面）
			沉积岩建造界线（线）
			大地构造单元（面）
			大地构造单元线（线）
			地质构造线（线）
			特殊标志层（面）
			（沉积矿产）矿（床）点（点）
			地质界线（线）
			断裂（线）
			褶皱（线）
			产状要素（点）

续表

专业	图件或图件种类		需提取的空间实体
成矿地质背景研究	××大区地质构造专题底图	××大区火山岩大地构造图	火山岩性岩相（面）
			火山构造（面）
			大地构造图（线）
			火山岩构造分区（线）
			火山口（点）
			地质界线（线）
			断裂（线）
			韧性剪切带（面）
			褶皱（线）
			蚀变带（面）
			产状要素（点）
			同位素年龄（点）
		××大区侵入岩大地构造图	侵入岩（面）
			侵入岩（线）
			构造岩浆带（面）
			构造岩浆带（线）
			地质界线（线）
			断裂（线）
			韧性剪切带（面）
			褶皱（线）
			蚀变带（面）
			产状要素（点）
			同位素年龄（点）
		××大区变质岩大地构造图	变质岩建造（面）
			变质岩地质界线（线）
			断裂（线）
			变质单元线（线）
			韧性剪切带（面）
			褶皱（线）
		××大区大地构造相图	大地构造（面）
			大地构造（线）
			沉积岩建造（面）
			火山岩性岩相（面）
			火山构造（面）
			侵入岩（面）
			构造岩浆带（面）
			变质岩建造（面）
			大型变形构造（面）
			大型变形构造（线）
			地质界线（线）
			断裂（线）
			韧性剪切带（面）
			褶皱（线）
			产状要素（点）

续表

专业	图件或图件种类	需提取的空间实体
成矿规律与矿产预测	××大区×矿预测类型分布图	矿产预测类型划分（点）
		矿产预测类型分布区界线（线）
	××大区×矿成矿规律图	×矿（组）矿产地特征（点）
		×矿（组）找矿标志（点）
		×矿（组）矿化蚀变标志（点）
		×矿（组）矿化蚀变标志（线）
		×矿（组）成矿时代（点）
		×矿（组）找矿远景区（面）
	××大区×矿种预测成果图	×矿种（组）成矿区带预测成果汇总（面）
		×矿种（组）成矿区带预测成果汇总（线）
		×矿种（组）预测工作区预测成果（面）
		×矿种（组）预测工作区预测成果（线）
		×矿种（组）最小预测区归并成果（面）
		×矿种（组）最小预测区归并成果（线）
	××大区×矿种勘查工作部署图	×矿种（组）勘查工作部署建议（面）
		×矿种（组）勘查工作部署建议（线）
		×矿种（组）已有工作程度（线）
磁测资料应用	××大区布格重力异常图	布格异常符号（点）
		布格异常值标注（点）
		布格异常线（线）
		布格异常面（面）
	××大区剩余重力异常图	剩余异常编号（点）
		剩余异常标注（点）
		剩余异常线（线）
		剩余异常面（面）
	××大区重力推断地质构造图	局部重力异常与矿产（点）
		重力推断断裂构造（线）
		重力推断构造单元（线）
		重力推断地层（面）
		重力推断构造岩浆岩带（面）
		重力推断岩体（面）
		重力推断盆地（面）
		重力推断推覆构造（面）
		重力推断火山机构（线）
	××大区航磁 ΔT 等值线平面图	航磁 ΔT 等值线区（面）
		航磁 ΔT 等值线线（线）
		航磁 ΔT 等值线注释（点）

续表

专业	图件或图件种类	需提取的空间实体
磁测资料应用	××大区航磁 ΔT 化极等值线平面图	航磁 ΔT 化极等值线区（面）
		航磁 ΔT 化极等值线线（线）
		航磁 ΔT 化极等值线注释（点）
	××大区航磁 ΔT 化极垂向一阶导数等值线平面图	航磁 ΔT 化极垂向一阶导数等值线区（面）
		航磁 ΔT 化极垂向一阶导数等值线线（线）
		航磁 ΔT 化极垂向一阶导数等值线注释（点）
		地磁化极垂向一阶导数等值线注释（点）
	××大区磁法推断地质构造图	磁法推断断裂构造（线）
		磁法推断火山构造（线）
		磁法推断侵入岩体边界（线）
		磁法推断火山岩地层边界（线）
		磁法推断变质岩地层边界（线）
		磁法推断磁性蚀变带边界（线）
		磁法推断侵入岩体（面）
		磁法推断火山岩地层（面）
		磁法推断变质岩地层（面）
		磁法推断磁性蚀变带（面）
		磁法推断断裂构造编号（点）
		磁法推断侵入岩体编号（点）
		磁法推断火山构造编号（点）
		磁法推断火山岩地层编号（点）
		磁法推断变质岩地层编号（点）
		磁法推断磁性蚀变带编号（点）
	××大区×矿磁法推断磁性矿床分布图	×矿磁法推断/已知磁性矿床（点）
化探资料应用	××大区地球化学综合找矿预测图	综合预测区（线）
		综合预测区（面）
		综合预测区（点）
	××大区地球化学找矿预测图	×元素地球化学异常边界（线）
		×元素地球化学异常范围（面）
		主成矿元素异常范围（面）
		主要伴生、共生元素异常下限（线）
	××大区地球化学找矿预测图	×矿地球化学找矿预测区（面）
		×矿地球化学找矿预测区（线）
		×矿地球化学找矿靶区（面）
		×矿地球化学找矿靶区（线）
		×矿地球化学找矿预测区标注（点）

续表

专业	图件或图件种类	需提取的空间实体
遥感资料应用	××大区遥感地质构造解译图	遥感断层要素（线）
		遥感脆韧性变形构造带要素（线）
		遥感逆冲推覆滑脱构造要素（线）
		遥感环状要素（线）
		遥感块状要素（线）
		遥感色要素（面）
		遥感带状要素（面）
		遥感近矿找矿标志要素（面）
		遥感最小预测区要素（线）
		遥感羟基异常要素（线）
	××大区遥感蚀变异常解译图	蚀变矿物遥感异常（面）
		蚀变矿物遥感异常（线）
重砂资料应用	××大区矿自然重砂异常图	×矿自然重砂异常分布（面）
		×矿自然重砂异常边界（线）

3. 全国级成果图件提取空间实体规定（如表2－4）

表2－4　要求提取空间实体的全国级成果图件类别及提取内容

专业	图件或图件种类		需提取的空间实体
成矿地质背景研究	全国地质构造专题图	中国东部中新生代陆缘弧盆系构造图	沉积岩（面）
			火山岩（面）
			侵入岩（面）
			东部弧盆系（线）
			东部弧盆系（点）
		中国大地构造图	大地构造图（面）
			大地构造图（线）
			大地构造图（点）
		中国火山岩大地构造图	火山岩（面）
			火山岩（线）
			蛇绿岩（面）
			火山岩构造带（线）
			岩浆岩带划分图（面）
			岩浆岩带划分图（线）
			岩浆岩带划分图（点）
			火山口（点）
			矿点（点）
		中国侵入岩大地构造图	全国侵入岩（面）
			全国侵入岩（线）
			全国侵入岩（点）
			构造岩浆带（面）
			构造岩浆带（线）
			构造岩浆带（点）

续表

专业	图件或图件种类		需提取的空间实体
成矿地质背景研究	全国地质构造专题图	中国沉积大地构造图	大地构造分区（面）
			大地构造分区（线）
			大地构造分区（点）
			沉积大地构造单元（面）
			蛇绿岩（面）
			构造线（线）
			古地理单元界线（线）
		中国寒武纪—中奥陶世大地构造图	构造层（面）
			构造层（线）
			构造层（点）
		中国南华纪—震旦纪大地构造图	构造层（面）
			构造层（线）
			构造层（点）
		中国泥盆纪—中二叠世大地构造图	构造层（面）
			构造层（线）
			构造层（点）
		中国晚奥陶世—志留纪大地构造图	构造层（面）
			构造层（线）
			构造层（点）
		中国晚二叠世—中三叠世大地构造图	构造层（面）
			构造层（线）
			构造层（点）
		中国新生代大地构造图	新生代层（面）
			新生代层（线）
			侵入岩区（面）
			侵入岩区（线）
			沉积大地构造古地理单元（面）
			沉积大地构造古地理单元（线）
			沉积大地构造古地理单元（点）
			特殊岩类（面）
			构造分区（面）
			构造分区（线）
		中国中侏罗世—白垩纪大地构造图	构造层（面）
			构造层（线）
			构造层（点）

续表

专业	图件或图件种类		需提取的空间实体
成矿地质背景研究	全国地质构造专题图	中国晚三叠世—早侏罗世大地构造图	古地理单元（面）
			古地理单元（线）
			构造层（面）
			构造层（线）
			构造层（点）
			地质界线（线）
			断裂（线）
			韧性剪切带（面）
			褶皱（线）
			蚀变带（面）
			产状要素（点）
			同位素年龄（点）
			侵入岩（面）
			火山岩性岩相（面）
			地质界线（线）
			断裂（线）
			韧性剪切带（面）
			褶皱（线）
			蚀变带
			产状要素（点）
			同位素年龄（点）
			岩石化学样品采样点（点）
			地球化学样品采样点（点）
			同位素样品采样点（点）
			火山岩性岩相（面）
			火山构造（面）
			侵入岩（面）
			构造岩浆带（面）
			变质岩建造（面）
			大型变形构造（面）
			地质界线（线）
			断裂（线）
			韧性剪切带（面）
			褶皱（线）
			同位素年龄（点）
			产状要素（点）

续表

专业	图件或图件种类	需提取的空间实体
成矿规律与矿产预测	全国×矿预测类型分布图	矿产预测类型划分（点）
		矿产预测类型分布区界线（线）
	全国×矿成矿规律图	×矿（组）矿产地特征（点）
		×矿（组）找矿标志（点）
		×矿（组）矿化蚀变标志（点）
		×矿（组）矿化蚀变标志（线）
		×矿（组）成矿时代（点）
		×矿（组）找矿远景区（面）
	全国×矿种预测成果图	×矿种（组）成矿区带预测成果汇总（面）
		×矿种（组）成矿区带预测成果汇总（线）
		×矿种（组）预测工作区预测成果（面）
		×矿种（组）预测工作区预测成果（线）
		×矿种（组）最小预测区归并成果（面）
		×矿种（组）最小预测区归并成果（线）
	全国×矿种勘查工作部署图	×矿种（组）勘查工作部署建议（面）
		×矿种（组）勘查工作部署建议（线）
		×矿种（组）已有工作程度（线）
重力资料应用	中国陆域布格重力异常图	布格异常符号（点）
		布格异常值标注（点）
		布格异常线（线）
		布格异常面（面）
	中国陆域剩余重力异常图	剩余异常编号（点）
		剩余异常标注（点）
		剩余异常线（线）
		剩余异常面（面）
	中国陆域重力推断盆地及隐伏地层分布图	隐伏地层（面）
		隐伏地层（线）
		半隐伏地层（面）
		半隐伏地层（线）
		盆地区（面）
		盆地区（线）
		盆地等深线（线）
		水系（面）
		水系（线）

专业	图件或图件种类	需提取的空间实体
重力资料应用	中国陆域重力推断岩浆岩分布图	重力推断岩浆岩带（面）
		重力推断岩浆岩带（线）
		火山岩（面）
		火山岩（线）
		侵入岩（面）
		侵入岩（线）
		蛇绿岩（面）
		蛇绿岩（线）
		重力推断断裂构造（线）
		重力推断构造单元（线）
		重力推断地层（面）
		重力推断构造岩浆岩带（面）
		重力推断岩体（面）
		重力推断盆地（面）
		重力推断推覆构造（面）
		重力推断火山机构（线）
	全国磁法推断地质构造图	磁法推断断裂构造（线）
		磁法推断火山构造（线）
		磁法推断侵入岩体边界（线）
		磁法推断火山岩地层边界（线）
		磁法推断变质岩地层边界（线）
		磁法推断磁性蚀变带边界（线）
		磁法推断侵入岩体（面）
		磁法推断火山岩地层（面）
		磁法推断变质岩地层（面）
		磁法推断磁性蚀变带（面）
		磁法推断断裂构造编号（点）
		磁法推断侵入岩体编号（点）
		磁法推断火山构造编号（点）
		磁法推断火山岩地层编号（点）
		磁法推断变质岩地层编号（点）
		磁法推断磁性蚀变带编号（点）
	全国陆域航磁异常范围分布图	×矿磁异常范围（面）
	全国陆域航磁推断磁性矿床分布图	×矿磁法推断/已知磁性矿床（点）
化探资料应用	全国地球化学综合找矿预测图	综合预测区（线）
		综合预测区（面）
		综合预测区（点）
	全国地球化学元素异常图	×元素地球化学异常边界（线）
		×元素地球化学异常范围（面）
		主成矿元素异常范围（面）
		主要伴生、共生元素异常下限（线）

续表

专业	图件或图件种类	需提取的空间实体
化探资料应用	全国地球化学找矿预测图	×矿地球化学找矿预测区（面）
		×矿地球化学找矿预测区（线）
		×矿地球化学找矿靶区（面）
		×矿地球化学找矿靶区（线）
		×矿地球化学找矿预测区标注（点）
遥感资料应用	全国及邻区大型变形构造遥感解译图	遥感断层要素（线）
		遥感脆韧性变形构造带要素（线）
		遥感逆冲推覆滑脱构造要素（线）
		遥感环状要素（线）
		遥感块状要素（线）
		遥感色要素（面）
		遥感带状要素（面）
		遥感近矿找矿标志要素（面）
		遥感最小预测区要素（线）
		遥感羟基异常要素（线）
		蚀变矿物遥感异常（线）
重砂资料应用	全国自然重砂异常图	×矿自然重砂异常分布（面）
		×矿自然重砂异常边界（线）
化工资料应用	全国化工×矿产成矿规律图	×矿（组）矿产地特征（点）
		×矿（组）找矿标志（点）
		×矿（组）矿化蚀变标志（点）
		×矿（组）矿化蚀变标志（线）
		×矿（组）成矿时代（点）
		×矿（组）找矿远景区（面）
	全国化工×矿产勘查工作部署图	×矿产（组）勘查工作部署建议（面）
		×矿产（组）勘查工作部署建议（线）
		×矿产（组）已有工作程度（线）
	全国化工×矿产预测成果图	×矿产（组）成矿区带预测成果汇总（面）
		×矿产（组）成矿区带预测成果汇总（线）
		×矿产（组）预测工作区预测成果（面）
		×矿产（组）预测工作区预测成果（线）
		×矿产（组）最小预测区归并成果（面）
		×矿产（组）最小预测区归并成果（线）
全国总量预测	全国整装勘查建议区分布图	部署区（面）
		部署区（线）
	全国资源量分布图	远景区（面）
		远景区（线）
		远景区类型（面）
		远景区类型（线）
		资源量（面）
		资源量（点）

续表

专业	图件或图件种类	需提取的空间实体
全国总量预测	全国×矿种勘查工作部署图	×矿种（组）勘查工作部署建议（面）
		×矿种（组）勘查工作部署建议（线）
		×矿种（组）已有工作程度（线）
	全国×矿远景区分布图	×矿种（点）
		×矿种远景区（面）
		×矿种远景区（线）
		×矿种最小预测区（面）
		×矿种最小预测区（线）

三、需整理汇总图例内容

1. ×省（市、区）编图所用图例实际情况统计

基于全国矿产资源潜力评价统一图例系统库，以省（市、区）成果图件为单元，按图件类别整理、汇总省级项目组在省级矿产资源潜力评价编图工作中所用的图例，形成×省级项目组在省级矿产资源潜力评价编图工作中所用图例实际情况统计表，如表2－5。

表2－5　×省级矿产资源潜力评价项目组编图所用图例实际情况统计表

专业	图件种类		专业图层中文名	图例名称	图例图示（图片）	图例类型（符号\颜色\线型\图案）	基于统一系统库图例编号
成矿地质背景研究	基础编图	1：25万分幅实际材料图	岩性（面）	…	…	…	…
			…	…	…	…	…
		1：25万分幅建造构造图	沉积岩建造（面）	…	…	…	…
			…	…	…	…	…
		省级大地构造相图	大地构造相单元（面）	…	…	…	…
			…	…	…	…	…
	预测工作区编图	预测工作区构造岩相古地理图	构造古地理单元（面）	…	…	…	…
			…	…	…	…	…
		预测工作区沉积建造构造图	沉积岩建造（面）	…	…	…	…
			…	…	…	…	…
		预测工作区地貌与第四纪地质图	地层单元（面）	…	…	…	…
			…	…	…	…	…
		预测工作区火山岩性岩相构造图	火山岩性岩相（面）	…	…	…	…
			…	…	…	…	…
		预测工作区侵入岩浆构造图	侵入岩（面）	…	…	…	…
			…	…	…	…	…
		预测工作区变质建造构造图	变质岩建造（面）	…	…	…	…
			…	…	…	…	…
		预测工作区建造构造图	沉积岩建造（面）	…	…	…	…
			…	…	…	…	…

续表

专业	图件种类		专业图层中文名	图例名称	图例图示（图片）	图例类型（符号\颜色\线型\图案）	基于统一系统库图例编号
成矿规律研究	省级编图	省级矿产预测类型分布图	矿产预测类型划分(点)	…	…	…	…
			…	…	…	…	…
		省级×矿种(组）区域成矿规律图	×矿(组）矿产地特征(点)	…	…	…	…
			…	…	…	…	…
		省级区域成矿规律图	成矿区带（面）	…	…	…	…
			…	…	…	…	…
	预测工作区编图	预测工作区区域成矿要素图	区域成矿构造（线）	…	…	…	…
			推断控矿构造带（线）	…	…	…	…
			…	…	…	…	…
	典型矿床编图	典型矿床成矿要素图	沉积型层控内生型成矿沉积建造（面）	…	…	…	…
			风化壳成矿地质体(线)	…	…	…	…
			…	…	…	…	…
矿产预测研究	省级编图	省级×矿种（组）预测成果图	成矿区带预测成果汇总（面）	…	…	…	…
			成矿区带预测成果汇总（线）	…	…	…	…
			…	…	…	…	…
		省级×矿种（组）勘查工作部署图	×矿种（组）预测工作区预测成果（面）	…	…	…	…
			×矿种（组）预测工作区预测成果（线）	…	…	…	…
			…	…	…	…	…
		省级×矿种（组）未来矿产开发基地预测图	×矿种（组）未来矿产开发基地预测区（面）	…	…	…	…
			×矿种（组）未来矿产开发基地预测区（线）	…	…	…	…
	预测工作区编图	预测工作区区域预测要素图	区域成矿构造（线）	…	…	…	…
			推断控矿构造带（线）	…	…	…	…
			…	…	…	…	…
		预测工作区××矿产预测类型预测成果图	矿产预测类型最小预测区（面）	…	…	…	…
			矿产预测类型最小预测区（线）	…	…	…	…
	典型矿床编图	典型矿床预测要素图	沉积型层控内生型成矿沉积建造（面）	…	…	…	…
			…	…	…	…	…

续表

专业	图件种类		专业图层中文名	图例名称	图例图示（图片）	图例类型（符号\颜色\线型\图案）	基于统一系统库图例编号
重力资料应用	基础编图	省级重力推断地质构造图	重力推断断裂构造（线）	…	…	…	…
			重力推断构造单元（线）	…	…	…	…
			…	…	…	…	…
		省级重力工作程度图	重力工作程度（面）	…	…	…	…
			重力工作程度边界（线）	…	…	…	…
		省级布格重力异常图	布格异常符号（点）	…	…	…	…
			…	…	…	…	…
		省级剩余重力异常图	剩余异常编号(点)	…	…	…	…
			…	…	…	…	…
	预测工作区编图	预测工作区重力推断地质构造图	局部重力异常与矿产(点)	…	…	…	…
			…	…	…	…	…
		预测工作区重力工作程度图	重力工作程度（面）	…	…	…	…
			…	…	…	…	…
		预测工作区布格重力异常图	布格异常符号（点）	…	…	…	…
			…	…	…	…	…
		预测工作区剩余重力异常图	剩余异常编号（点）	…	…	…	…
			…	…	…	…	…
	典型矿床编图	典型矿床布格重力异常图	…	…	…	…	…
		典型矿床剩余重力异常图	…	…	…	…	…
磁测资料应用	省级编图	省级磁法推断磁性矿床分布图	磁法推断/已知磁性矿床（点）	…	…	…	…
			…	…	…	…	…
		省级磁法推断地质构造图	磁法推断断裂构造(线)	…	…	…	…
			…	…	…	…	…
		省级磁异常分布图	磁异常中心点（点）	…	…	…	…
			…	…	…	…	…
		省级航磁工作程度图	航磁工作程度范围(面)	…	…	…	…
			…	…	…	…	…
		省级地磁工作程度图	地磁工作程度范围(面)	…	…	…	…
			…	…	…	…	…
		省级航磁 ΔT 等值线平面图	航磁 ΔT 等值线区（面）	…	…	…	…
			…	…	…	…	…
		省级航磁 ΔT 化极等值线平面图	航磁 ΔT 化极等值线区（面）	…	…	…	…
			…	…	…	…	…
		省级航磁 ΔT 化极垂向一阶导数等值线平面图	航磁 ΔT 化极垂向一阶导数等值线区（面）	…	…	…	…
			…	…	…	…	…

续表

专业	图件种类		专业图层中文名	图例名称	图例图示（图片）	图例类型（符号\颜色\线型\图案）	基于统一系统库图例编号
磁测资料应用	预测工作区编图	预测工作区矿产预测类型磁法推断磁性矿产分布图	磁法推断/已知磁性矿体范围（面）	…	…	…	…
			…	…	…	…	…
		预测工作区磁法推断地质构造图	磁法推断断裂构造(线)	…	…	…	…
			…	…	…	…	…
		预测工作区磁异常范围分布图	磁异常范围（面）	…	…	…	…
			…	…	…	…	…
		预测工作区航磁 ΔT 等值线平面图	航磁 ΔT 等值线区（面）	…	…	…	…
			…	…	…	…	…
		预测工作区航磁 ΔT 化极等值线平面图	航磁 ΔT 化极等值线区（面）	…	…	…	…
			…	…	…	…	…
		预测工作区航磁 ΔT 化极垂向一阶导数等值线平面图	航磁 ΔT 化极垂向一阶导数等值线区（面）	…	…	…	…
			…	…	…	…	…
		预测工作区地磁等值线平面图	地磁等值线区（面）	…	…	…	…
			…	…	…	…	…
		预测工作区地磁化极等值线平面图	地磁化极等值线区(面)	…	…	…	…
			…	…	…	…	…
		预测工作区地磁化极垂向一阶导数等值线平面图	地磁化极垂向一阶导数等值线区（面）	…	…	…	…
			…	…	…	…	…
	典型矿床编图	…	…	…	…	…	…
化探资料应用	省级编图	省级地球化学采样点位图	地球化学采样点位(点)	…	…	…	…
			…	…	…	…	…
		省级地球化学景观图	地球化学景观区（面）	…	…	…	…
			…	…	…	…	…
		省级地球化学工作程度图	地球化学工作程度(面)	…	…	…	…
			…	…	…	…	…
		省级单元素地球化学图	×元素含量分布等值线(线)	…	…	…	…
			…	…	…	…	…
		省级单元素地球化学异常图	×元素地球化学异常边界(线)	…	…	…	…
			…	…	…	…	…
		省级地球化学综合异常图	主成矿元素异常边界(线)	…	…	…	…
			…	…	…	…	…
		省级地球化学推断地质构造图	地球化学推断构造（线）	…	…	…	…
			…	…	…	…	…
		省级地球化学找矿预测图	地球化学找矿预测区(面)	…	…	…	…
			…	…	…	…	…

续表

专业	图件种类		专业图层中文名	图例名称	图例图示（图片）	图例类型（符号\颜色\线型\图案）	基于统一系统库图例编号
化探资料应用	预测工作区编图	预测工作区单元素地球化学图	×元素含量分布等值线（线）	…	…	…	…
			…	…	…	…	…
		预测工作区单元素地球化学异常图	×元素地球化学异常边界（线）	…	…	…	…
			…	…	…	…	…
		预测工作区地球化学综合异常图	主成矿元素异常边界(线)	…	…	…	…
			…	…	…	…	…
	典型矿床编图	典型矿床单元素地球化学异常图	×元素地球化学异常边界（线）	…	…	…	…
			…	…	…	…	…
		典型矿床所在位置区域化探异常特征图	岩石地球化学平面异常特征（面）	…	…	…	…
			…	…	…	…	…
遥感资料应用	省级编图	分幅遥感矿产地质特征解译图	遥感断层要素（线）	…	…	…	…
			…	…	…	…	…
		分幅遥感羟基异常分布图	遥感羟基异常要素（面）	…	…	…	…
			…	…	…	…	…
		分幅遥感铁染异常分布图	遥感铁染异常要素（面）	…	…	…	…
			…	…	…	…	…
		省级遥感构造解译图	遥感断层要素（线）	…	…	…	…
			…	…	…	…	…
		省级遥感异常组合图	遥感异常组合要素（面）	…	…	…	…
			…	…	…	…	…
	预测工作区编图	预测工作区遥感矿产地质特征与近矿找矿标志解译图	遥感断层要素（线）	…	…	…	…
			…	…	…	…	…
		预测工作区遥感羟基异常分布图	遥感羟基异常要素（面）	…	…	…	…
			…	…	…	…	…
		预测工作区遥感铁染异常分布图	遥感铁染异常要素（面）	…	…	…	…
			…	…	…	…	…
		预测工作区蚀变矿物遥感异常分布图	矿产预测类型蚀变矿物遥感异常（面）	…	…	…	…
			…	…	…	…	…
	典型矿床编图	…	…	…	…	…	…

续表

专业	图件种类		专业图层中文名	图例名称	图例图示（图片）	图例类型（符号\颜色\线型\图案）	基于统一系统库图例编号
自然重砂资料应用	省级编图	省级自然重砂异常图	×矿物（组）自然重砂异常边界（线）	…	…	…	…
			…	…	…	…	…
		省级自然重砂综合异常图	…	…	…	…	…
		省级自然重砂工作程度图	自然重砂工作程度范围(面)	…	…	…	…
			…	…	…	…	…
		省级自然重砂采样点位图	自然重砂采样点位（点）	…	…	…	…
			…	…	…	…	…
	预测工作区编图	预测工作区自然重砂异常图	×矿物（组）自然重砂异常边界（线）	…	…	…	…
	典型矿床编图	…	…	…	…	…	…

注：表2－5中“专业”、“图件种类”参照表2－1、表2－2，“专业图层中文名”参照矿产资源潜力评价数据模型丛书（即成矿地质背景研究数据模型、成矿规律研究数据模型、矿产预测研究数据模型、重力资料应用数据模型、磁测资料应用数据模型、化探资料应用数据模型、遥感资料应用数据模型、自然重砂资料应用数据模型等专著）。

2. 形成×省（市、区）编图所用图例方案

基于×省级项目组在省级矿产资源潜力评价编图工作中所用图例实际情况统计表，汇总归类并形成图例方案（以省（市、区）成果图件为单元），方案样式如表2－6。

表2－6　×省（市、区）编图所用图例方案

（以省（市、区）成果图件为单元）

序号	图例专业谱系	图例逻辑代码			图例名称	图例图片	图例物理代码（基于统一库）	图例类型（符号\线型\图案\颜色）
		特征分类码	特征子类码	比例尺标志码				
…	…	…	…	…	…	…	…	…

注：表2－6中相关内容填写参照矿产资源潜力评价数据模型：统一图例规定分册（未出版资料）。

3. 形成编图所用图例方案草案（以承担整理入库图件集合为单元）

基于已汇总归类并形成若干×省（市、区）编图所用图例方案（以省（市、区）成果图件为单元），汇总归类并形成图例方案（以承担整理入库图件集合为单元），方案草案样式如表2－7。

表2－7　编图所用图例方案草案

（以承担整理入库图件集合为单元）

序号	图例专业谱系	图例逻辑代码			图例名称	图例图片	图例物理代码（基于统一库）	图例类型（符号\线型\图案\颜色）
		特征分类码	特征子类码	比例尺标志码				
…	…	…	…	…	…	…	…	…

注：表2－7中相关内容填写参照矿产资源潜力评价数据模型：统一图例规定分册（未出版资料）。

4. 形成30个省级矿产资源潜力评价编图所用图例总体方案草案

基于若干承担整理入库图件集合为单元提交的编图所用图例方案（如表2-8），汇总归类并形成30个省级矿产资源潜力评价编图所用图例总体方案，方案草案样式如表2-8。

表2-8 30个省级矿产资源潜力评价编图所用图例总体方案草案
（基于30个省（市、区）矿产资源潜力评价专题编图实际总结）

序号	图例专业谱系	图例逻辑代码			图例名称	图例图片	图例物理代码（基于统一库）	图例类型（符号\线型\图案\颜色）
		特征分类码	特征子类码	比例尺标志码				
…	…	…	…	…	…	…	…	…

注：表2-8中相关内容填写参照矿产资源潜力评价数据模型：统一图例规定分册（未出版资料）。

5. 形成×大区编图所用图例方案（以×大区矿产资源潜力评价综合编图图件集合为单元）

基于×大区矿产资源潜力评价综合编图图件集合，汇总归类并形成×大区矿产资源潜力评价综合编图所用图例方案，方案样式如表2-9。

表2-9 ×大区编图所用图例方案
（以×大区矿产资源潜力评价综合编图图件集合为单元）

序号	图例专业谱系	图例逻辑代码			图例名称	图例图片	图例物理代码（基于统一库）	图例类型（符号\线型\图案\颜色）
		特征分类码	特征子类码	比例尺标志码				
…	…	…	…	…	…	…	…	…

注：表2-9中相关内容填写参照矿产资源潜力评价数据模型：统一图例规定分册（未出版资料）。

6. 形成6个大区矿产资源潜力评价综合编图所用图例总体方案草案

基于6个大区编图所用图例方案（如表2-9），汇总归类并形成6个大区矿产资源潜力评价综合编图所用图例方案草案，方案草案样式如表2-10。

表2-10 6个大区矿产资源潜力评价综合编图所用图例总体方案草案
（基于6个大区矿产资源潜力评价专题编图实际总结）

序号	图例专业谱系	图例逻辑代码			图例名称	图例图片	图例物理代码（基于统一库）	图例类型（符号\线型\图案\颜色）
		特征分类码	特征子类码	比例尺标志码				
…	…	…	…	…	…	…	…	…

注：表2-10中相关内容填写参照矿产资源潜力评价数据模型：统一图例规定分册（未出版资料）。

7. 形成全国级矿产资源潜力评价各专题综合编图所用图例方案（以全国级矿产资源潜力评价×专题综合编图图件集合为单元）

基于全国级矿产资源潜力评价×专题综合编图图件集合，汇总归类并形成全国级矿产资源潜力评价×专题综合编图所用图例方案，方案样式如表2-11。

表2-11 全国级矿产资源潜力评价×专题综合编图所用图例方案
（以全国级矿产资源潜力评价×专题综合编图图件集合为单元）

序号	图例专业谱系	图例逻辑代码			图例名称	图例图片	图例物理代码（基于统一库）	图例类型（符号\线型\图案\颜色）
		特征分类码	特征子类码	比例尺标志码				
…	…	…	…	…	…	…	…	…

注：表2-11中相关内容填写参照矿产资源潜力评价数据模型：统一图例规定分册（未出版资料）。

8. 形成全国级矿产资源潜力评价各专题综合编图所用图例总体方案草案

基于8个全国级矿产资源潜力评价专题综合编图所用图例方案（如表2－11），汇总归类并形成全国级矿产资源潜力评价8个专题综合编图所用图例总体方案草案，方案草案样式如表2－12。

表2－12　全国级矿产资源潜力评价8个专题综合编图所用图例总体方案草案
（基于全国级矿产资源潜力评价8个专题综合编图实际总结）

序号	图例专业谱系	图例逻辑代码			图例名称	图例图片	图例物理代码（基于统一库）	图例类型（符号\线型\图案\颜色）
		特征分类码	特征子类码	比例尺标志码				
…	…	…	…	…	…	…	…	…

注：表2－12中相关内容填写参照矿产资源潜力评价数据模型：统一图例规定分册（未出版资料）。

四、需上载入库成果内容

1）已整理的成果图件（包括编图说明书、质检卡）。

2）已整理的文档资料。

3）已整理的数据元数据。

4）已整理的遥感影像图（包括编图说明书、质检卡）。

5）已整理的空间实体。

五、需编写并提交的整理建库工作报告

1）编写基于已整理成果图件的、全国矿产资源潜力评价统一系统库的、从专业要素到图例表示的编图所用图例方案（即分别以省（市、区）成果图件、大区成果图件、全国成果图件为单元的编图所用图例方案）。

2）编写并提交以分省（市、区）矿产资源潜力评价编图成果为单元的成果图件及属性库整理入库工作报告，汇总并提交整理入库工作记录、日志、质量监控文档。

3）编写并提交以大区范围矿产资源潜力评价综合编图成果为单元的整理入库工作总报告、汇总并提交整理入库工作记录、日志、质量监控文档。

4）编写并提交以全国范围矿产资源潜力评价综合编图成果为单元的整理入库工作总报告、汇总并提交整理入库工作记录、日志、质量监控文档。

5）编写并提交以承担整理入库图件集合任务为单元的矿产资源潜力评价成果图件及属性库整理入库工作总报告。

第三节　质量控制

为统一整理入库工作要求、保证整理入库成果的工作质量，在全国矿产资源潜力评价成果数据整理建库过程中，要求整理入库全过程每一环节均有相关质量控制记录，质量控制记录文档原则上采用MS Word或MS Excel文件格式，便于整理、汇总和编写报告。

为了便于统一、汇总、管控，本节统一明确规定了基本的、必要的、关键的质量控制记录文档，要求各承担整理入库任务单位必须遵照执行。其他相关质量控制记录文档或日志，依据整理入库工作总体目标和承担整理入库任务单位实际情况，各承担整理入库任务单位可以自行规定。

依据整理入库工作内容层次：省级（省区、预测工作区、典型矿床研究区）、大区级、全国级，基本的、必要的、关键的质量控制文档规定如下。

一、省区级成果整理入库质量控制记录文档

1. 省级成果基本情况统计表

“省级成果基本情况统计表”填写要求见附表1，文档格式采用MS Word格式，要求附表1内所

有统计内容与实际整理结果一致。若存在问题，则必须明确说明，并记录在“8. 存在问题说明”中。

在数据整理时，需要严格做到如下3点要求：

（1）典型矿床矿区代码

首先，在整理附表1“3. 已研究的典型矿床表”时，应保证典型矿床矿区代码（6位省级行政码+4位顺序码）符合矿产资源潜力评价数据模型丛书《通用代码规定》中“典型矿床研究区代码规定”（从应用角度来看，典型矿床研究区代码不管采用“6位详细行政区码+4位顺序码”形式，还是采用“6位省级行政码+4位顺序码”形式，均有不妥之处。不过，目前从实际工作情况，仍保持现状不变）。因GeoMAG软件早已实现典型矿床研究区代码采用“6位省级行政码+4位顺序码”的形式，故目前所有提交的与典型矿床相关图件的图件代码的“空间范围码”均为“6位省级行政码+4位顺序码”形式。

其次，在整理、规范与典型矿床相关图件时，应保证典型矿床图件的图件代码的“空间范围码”与“3. 已研究的典型矿床表”中“典型矿床矿区代码（6位省级行政码+4位顺序码）”一致。

（2）矿产预测类型代码

首先，在整理附表1“4. 矿产预测类型表”时，应保证“矿产预测类型代码”符合矿产资源潜力评价数据模型丛书《通用代码规定》中“矿产预测类型代码规定”。

其次，在规范与预测工作区相关图件时，应保证预测工作区图件的图件代码的“空间范围码”所含“矿产预测类型代码”与“4. 矿产预测类型表”中“矿产预测类型代码”一致；在整理与“矿产预测类型代码”相关图层属性数据项时，应保证所填“矿产预测类型代码”与“4. 矿产预测类型表”中“矿产预测类型代码”一致。例如：矿产预测类型划分数据表（“矿产预测类型”项）、矿产预测类型最小预测区数据表（“最小预测区编号”项）、矿产预测类型分布范围数据表（“矿产预测类型”项），矿产预测类型最小预测区共伴生矿产数据表（“矿产预测类型”项），磁法推断磁性矿体数据表（“矿产预测类型”项），等等。

（3）预测工作区代码

首先，在整理附表1“5. 预测工作区表”时，应保证“预测工作区代码”符合矿产资源潜力评价数据模型丛书《通用代码规定》中“预测工作区代码规定”。

其次，在规范与预测工作区相关图件时，应保证预测工作区图件的图件代码的“空间范围码”与“5. 预测工作区表”中“预测工作区代码”一致；在整理与“预测工作区代码”相关图层属性数据项时，应保证所填“预测工作区代码”与“5. 预测工作区表”中“预测工作区代码”一致。例如：省级×矿种（组）预测工作区预测成果数据表（“预测工作区代码”项），等等。

2. 省级基础地质编图图件及属性库统计表

“省级基础地质编图图件及属性库统计表”填写要求见附表2，文档格式采用MS Word格式，要求附表2内所有统计内容与实际整理结果一致。若存在问题，则必须明确说明，并记录在附表2的“存在问题说明（指明缺失具体内容，包括图件、编图说明书、元数据文件、质检卡等的问题）”栏中。小结统计情况并记录在附表2的“数据统计问题小结”中。注：要求每个省的省级基础地质编图图件及属性库情况单独统计一张表。

3. 省级×矿种（组）潜力评价成果图件及属性库统计表

“省级×矿种（组）潜力评价成果图件及属性库统计表”填写要求见附表3，文档格式采用MS Word格式，要求附表3内所有统计内容与实际整理结果一致。若存在问题，则必须明确说明，并记录在附表3的“存在问题说明（指明缺失具体内容，包括图件、编图说明书、元数据文件、质检卡等的问题）”栏中。小结统计情况并记录在附表3的“数据统计问题小结”中。注：要求每个省每个矿种或矿组填写一张表。

4. 省级基础地质编图遥感影像图统计表

“省级基础地质编图遥感影像图统计表”填写要求见附表4，文档格式采用MS Word格式，要求附表4内所有统计内容与实际整理结果一致。若存在问题，则必须明确说明，并记录在附表4的“存在问题说明（指明缺失具体内容，包括图件、编图说明书、元数据文件、质检卡等的问题）”栏中。小结统计情况并记录在附表4的“遥感影像图统计问题小结”中。注：要求每个省的省级基础地质编图遥感影像图情况单独统计一张表。

5. 省级×矿种（组）潜力评价成果遥感影像图统计表

“省级×矿种（组）潜力评价成果遥感影像图统计表”填写要求见附表5，文档格式采用MS Word格式，要求附表5内所有统计内容与实际整理结果一致。若存在问题，则必须明确说明，并记录在附表5的“存在问题说明（指明缺失具体内容，包括图件、编图说明书、元数据文件、质检卡等的问题）”栏中。小结统计情况并记录在附表5的“数据统计问题小结”中。注：要求每个省的每个矿种或矿组统计情况填写一张表。

6. 省级基础地质编图图件及属性库整理情况记录表

“省级基础地质编图图件及属性库整理情况记录表”填写要求见附表6，文档格式采用MS Word格式。对每个图件或文档进行清理并按要求进行整理，将已整理情况记录在附表6的“存在问题整理情况记录（包括图件、编图说明书、元数据文件、质检卡等的问题）”栏中，小结整理情况并记录在附表6的“数据整理问题小结”中。注：要求每个省的省级基础地质编图图件及属性库整理情况单独填写一张表。

7. 省级×矿种（组）潜力评价成果图件及属性库整理情况记录表

“省级×矿种（组）潜力评价成果图件及属性库整理情况记录表”填写要求见附表7，文档格式采用MS Word格式，要求附表7内所有统计内容与实际整理结果一致。若存在问题，则必须明确说明，并记录在附表7的“存在问题说明（包括图件、编图说明书、元数据文件、质检卡等的问题）”栏中。注：要求每个省的每个矿种或矿组填写一张表。

8. 省级基础地质编图遥感影像图（GeoTiff）整理情况记录表

“省级基础地质编图遥感影像图（GeoTiff）整理情况记录表”填写要求见附表8，文档格式采用MS Word格式，要求附表8内所有统计内容与实际整理结果一致。若存在问题，则必须明确说明，并记录在附表8的“存在问题整理情况记录”栏中，小结整理情况并记录在附表8的“遥感影像图整理问题小结”中。注：要求每个省的省级基础地质编图遥感影像图整理情况单独填写一张表。

9. 省级×矿种（组）潜力评价成果遥感影像图（GeoTiff）整理情况记录表

“省级×矿种（组）潜力评价成果遥感影像图（GeoTiff）整理情况记录表”填写要求见附表9，文档格式采用MS Word格式，要求附表9内所有统计内容与实际整理结果一致。若存在问题，则必须明确说明，并记录在附表9的“存在问题整理情况记录”栏中，小结整理情况并记录在附表9的“遥感影像图整理问题小结”中。注：要求每个省的每一矿种（组）的潜力评价成果遥感影像图整理情况单独填写一张表。

“省级基础地质编图遥感影像图（MSI）整理情况记录表”填写要求见附表10，文档格式采用MS Word格式，要求附表10内所有统计内容与实际整理结果一致。若存在问题，则必须明确说明，并记录在附表10的“存在问题整理情况记录”栏中，小结整理情况并记录在附表10的“遥感影像图整理问题小结”中。注：要求每个省的每一矿种（组）的潜力评价成果遥感影像图整理情况单独填写一张表。

“省级×矿种（组）潜力评价成果遥感影像图（MSI）整理情况记录表”填写要求见附表11，文档格式采用MS Word格式，要求附表11内所有统计内容与实际整理结果一致。若存在问题，则必须明确说明，并记录在附表11的“存在问题整理情况记录”栏中，小结整理情况并记录在附表11的“遥感影像图整理问题小结”中。注：要求每个省的每一矿种（组）的潜力评价成果遥感影像图整理情况单独填写一张表。附表10、附表11中遥感影像图整理参数填写要求如表2－13规定。

表 2-13　附表 10、附表 11 中遥感影像图参数填写规定

类别	信息项	填写规定	填写示例
基本信息	波段数	填写本影像数据的波段数值（从 MSI 数据中可直接读入）	7
	影像行数	填写本影像数据的行数值（从 MSI 数据中可直接读入）	401
	影像列数	填写本影像数据的列数值	501
	像元类型	影像存储的实际像元类型为下列可能“影像像元类型”之一（从 MSI 数据中可直接读入）： （1）未知数据类型 （2）8 位无符号整数 （3）16 位无符号整数 （4）16 位有符号整数 （5）32 位无符号整数 （6）32 位有符号整数 （7）32 位浮点数据 （8）64 位浮点数据 （9）16 位整型复数 （10）32 位整型复数 （11）32 位浮点复数 （12）64 位浮点复数	8 位无符号整数
	左上角 X	下述投影参数所描述坐标系下的影像左上角点的 X 坐标值（从 MSI 数据中可直接读入）	19280903. 25
	左上角 Y	下述投影参数所描述坐标系下的影像左上角点的 Y 坐标值（从 MSI 数据中可直接读入）	5401101. 25
	左下角 X	下述投影参数所描述坐标系下的影像左下角点的 X 坐标值（从 MSI 数据中可直接读入）	19280903. 25
基本信息	左下角 Y	下述投影参数所描述坐标系下的影像左下角点的 Y 坐标值（从 MSI 数据中可直接读入）	5389672. 75
	右上角 X	下述投影参数所描述坐标系下的影像右上角点的 X 坐标值（从 MSI 数据中可直接读入）	19295181. 75
	右上角 Y	下述投影参数所描述坐标系下的影像右上角点的 Y 坐标值（从 MSI 数据中可直接读入）	5401101. 25
	右下角 X	下述投影参数所描述坐标系下的影像右下角点的 X 坐标值（从 MSI 数据中可直接读入）	19295181. 75
	右下角 Y	下述投影参数所描述坐标系下的影像右下角点的 Y 坐标值（从 MSI 数据中可直接读入）	5389672. 75
	分辨率 X	下述投影参数所描述坐标系下的影像像元格子大小的 X 值（即横向宽度值，从 MSI 数据中直接读入）	28. 500000
	分辨率 Y	下述投影参数所描述坐标系下的影像像元格子大小的 Y 值（即纵向长度值，从 MSI 数据中直接读入）	28. 500000

续表

类别	信息项	填写规定	填写示例
投影参数	坐标类型	参照武汉中地数码公司 MapGIS 定义的空间参照系类型填写（可填写值之一如下）（从 MSI 数据中可直接读入）： （1）投影平面直角坐标系 （2）地理坐标系 （3）地心大地直角坐标系 （4）用户自定义坐标系（笛卡尔坐标）	投影平面直角坐标系
	椭球参数	参照武汉中地数码公司 MapGIS 定义的标准椭球参数填写（可填写值之一如下）（从 MSI 数据中可直接读入）： （1）西安 80/1975 年 I. U. G. G 推荐椭球 （2）北京 54/克拉索夫斯基（1940 年）椭球 （3）1979 年 I. U. G. G 推荐椭球 （4）1983 年 I. U. G. G 推荐椭球 （5）新的椭球参数（自定义） （6）1967 年 I. U. G. G 推荐椭球 （7）WGS－84 （8）GRS－80 （9）WGS－72 （10）澳大利亚 1965 年椭球	西安 80/1975 年 I. U. G. G 推荐椭球
	投影类型	参照武汉中地数码公司 MapGIS 定义的投影类型填写（可填写值之一如下）（从 MSI 数据中可直接读入）： （1）高斯－克吕格（横切椭圆柱等角）投影 （2）地理坐标系（经纬度） （3）通用横向墨卡托投影坐标系（UTM） （4）亚尔勃斯等积圆锥投影坐标系 （5）兰伯特等角圆锥投影坐标系 （6）墨卡托（正轴等角圆柱）投影坐标系 （7）普通多圆锥投影坐标系 （8）等距圆锥投影坐标系 （9）横向墨卡托（横切圆柱等角）投影 （10）球面投影（视点在球面）坐标系 （11）兰伯特等积方位投影坐标系 （12）等距方位投影坐标系 （13）心射切面（球心）投影坐标系 （14）正射投影（视点无穷远）坐标系 （15）通用垂直近距透视（外心）投影 （16）正弦投影（伪圆柱）坐标系 （17）等距离切圆柱（方格）投影坐标系 （18）米勒圆柱（透视正圆柱）投影坐标系 （19）范德格林顿 I 投影坐标系 （20）斜轴墨卡托投影坐标系 （21）极点球面投影坐标系	高斯－克吕格（横切椭圆柱等角）投影

续表

类别	信息项	填写规定	填写示例
投影参数	坐标单位	参照武汉中地数码公司 MapGIS 定义的坐标单位类型填写（可填写值之一如下）（从 MSI 数据中可直接读入）： （1）毫米 （2）米 （3）秒 （4）度 （5）度分秒，即 ± DDMMSS. SSSS 格式 （6）英尺 （7）分（60 分之一度） （8）弧度 （9）梯度（1 梯度 = 0. 015707963267949 弧） （10）公里 （11）分米 （12）厘米 （13）英寸 （14）码 （15）海里 （16）英里 （17）DM. S （18）D. MS	米
	比例尺	参照武汉中地数码公司 MapGIS 定义的比例尺类型填写（可填写值之一如下）（从 MSI 数据中可直接读入）： （1）1：100 万 （2）1：50 万 （3）1：25 万 （4）1：20 万 （5）1：10 万 （6）1：5 万 （7）1：2. 5 万 （8）1：1 万 （9）1：5000 （10）1：1	1：1
	投影带类型	参照武汉中地数码公司 MapGIS 定义的投影带类型填写（可填写值之一如下）（从 MSI 数据中可直接读入）： （1）6 度 （2）3 度 （3）1. 5 度 （4）任意	任意
	投影带序号	填写投影带序号（分如下两种情形）（从 MSI 数据中可直接读入）： （1）不跨带的情形，直接填写投影带号； （2）对跨带的情形，需预处理数据，选择“居中 - 偏左”的带号，将数据统一投影到此带中，并将此带号作为整体区域的带号进行填写	48
	投影带中央经线	相应带对应的中央经线的经度值（以度制为单位）（从 MSI 数据中可直接读入）	111. 0

10. 省级基础地质编图图件及属性库空间实体提取整理情况记录表

“省级基础地质编图图件及属性库空间实体提取整理情况记录表”填写要求见附表12，文档格式采用MS Word格式，要求附表12内所有统计内容与实际整理结果一致。若存在问题，则必须明确说明，并记录在附表12的“存在问题整理情况记录”栏中，小结整理情况并记录在附表12的“数据整理问题小结”中。注：要求每个省的省级基础地质编图图件及属性库空间实体提取整理情况单独填写一张表。

11. 省级×矿种（组）潜力评价成果图件及属性库空间实体提取整理情况记录表

“省级×矿种（组）潜力评价成果图件及属性库空间实体提取整理情况记录表”填写要求见附表13，文档格式采用MS Word格式，要求附表13内所有统计内容与实际整理结果一致。若存在问题，则必须明确说明，并记录在附表13的“存在问题整理情况记录”栏中，小结整理情况并记录在附表13的“数据整理问题小结”中。注：要求每个省的每一矿种（组）的潜力评价成果图件及属性库空间实体提取整理情况单独填写一张表。

12. 文档整理情况记录表

“省（市、区）矿产资源潜力评价成果文档整理情况记录表”填写要求见附表14，文档格式采用MS Word格式，要求附表14内所有统计内容与实际整理结果一致。若存在问题，则必须明确说明，并记录在附表14的“存在问题整理情况记录”栏中，小结整理情况并记录在附表14的“文档整理问题小结”中。注：要求每个省（市、区）矿产资源潜力评价成果文档整理情况单独填写一张表。

13. 省级基础地质编图图件元数据文件（XML）整理情况记录表

“省级基础地质编图图件元数据文件（XML）整理情况记录表”填写要求见附表15，文档格式采用MS Word格式，要求附表15内所有统计内容与实际整理结果一致。若存在问题，则必须明确说明，并记录在附表15的“存在问题整理情况记录”栏中，小结整理情况并记录在附表15的“元数据整理问题小结”中。注：要求每个省的省级基础地质编图成果图件元数据文件整理情况单独填写一张表。

14. 省级×矿种（组）潜力评价成果图件元数据文件（XML）整理情况记录

“省级×矿种（组）潜力评价成果图件元数据文件（XML）整理情况记录”填写要求见附表16，文档格式采用MS Word格式，要求附表16内所有统计内容与实际整理结果一致。若存在问题，则必须明确说明，并记录在附表16的“存在问题整理情况记录”栏中，小结整理情况并记录在附表16的“元数据整理问题小结”中。注：要求每个省每一个矿种（组）的潜力评价成果图件元数据文件整理情况单独填写一张表。

15. 省级潜力评价编图图例归类表

基于省级矿产资源潜力评价编图成果图件实际情况，即将省级矿产资源潜力评价成果图件作为素材，以省级矿产资源潜力评价成果图件为单元，分别统计各省级矿产资源潜力评价项目组编图所用的图例实际情况，填写“表2－5　×省级矿产资源潜力评价项目组编图所用的图例实际情况统计表”；基于若干表2－5（即已统计的×省级矿产资源潜力评价项目组编图所用图例实际情况），总结归类出“表2－6　×省（市、区）编图所用图例方案（以省（市、区）成果图件为单元）；其次，基于若干表2－6（以省（市、区）成果图件为单元）成果，总结归类出“表2－7　编图所用图例方案（以承担整理入库图件集合为单元）”；最后，召集所有承担整理入库任务单位，基于若干表2－7（以承担整理入库图件集合为单元），总结归类出“表2－8　30个省级矿产资源潜力评价编图所用图例规范总体方案草案（基于30个省（市、区）矿产资源潜力评价专题编图实际总结）”。

二、大区级成果整理入库质量控制记录文档

1. 大区级成果基本情况统计表

“×大区级成果基本情况统计表”填写要求见附表17，文档格式采用MS Word格式，要求附表17内所有统计内容与实际整理结果一致。若存在问题，则必须明确说明，并记录在“存在问题说明”中。

2. 大区级成果图件统计表

“×大区级成果图件统计表”填写要求见附表18，文档格式采用MS Word格式，要求附表18内所有统计内容与实际整理结果一致。若存在问题，则必须明确说明，并记录在附表18的“存在问题说明（指明缺失具体内容，包括图件、编图说明书、元数据文件、质检卡等的问题）”栏中。小结统计情况并记录在附表18的“数据统计问题小结”中。注：要求每个大区的成果图件情况单独统计一张表。

3. 大区级成果图件整理情况记录表

“×大区级成果图件整理情况记录表”填写要求见附表19，文档格式采用MS Word格式。对每个图件或文档进行清理并按要求进行整理，将已整理情况记录在附表19的“存在问题整理情况记录（包括图件、编图说明书、元数据文件、质检卡等的问题）”栏中，小结整理情况并记录在附表19的“数据整理问题小结”中。注：要求每个大区的成果图件整理情况单独填写一张表。

4. 大区级矿产资源潜力评价成果文档整理情况记录表

“×大区矿产资源潜力评价成果文档整理情况记录表”填写要求见附表20，文档格式采用MS Word格式，要求附表20所有统计内容与实际整理结果一致。若存在问题，则必须明确说明，并记录在附表20的“存在问题整理情况记录”栏中，小结整理情况并记录在附表20的“文档整理问题小结”中。注：要求每个大区矿产资源潜力评价成果文档整理情况单独填写一张表。

5. 大区级成果图件元数据文件（XML）整理情况记录表

“×大区级成果图件元数据文件（XML）整理情况记录表”填写要求见附表21，文档格式采用MS Word格式，要求附表21内所有统计内容与实际整理结果一致。若存在问题，则必须明确说明，并记录在附表21的“存在问题整理情况记录”栏中，小结整理情况并记录在附表21的“元数据整理问题小结”中。注：要求每个大区的成果图件元数据文件整理情况单独填写一张表。

三、全国级成果整理入库质量控制记录文档

1. 全国级成果基本情况统计表

“全国级成果基本情况统计表”填写要求见附表22，文档格式采用MS Word格式，要求附表22内所有统计内容与实际整理结果一致。若存在问题，则必须明确说明，并记录在“存在问题说明”中。

2. 全国级成果图件统计表

“全国级成果图件统计表”填写要求见附表23，文档格式采用MS Word格式，要求附表23内所有统计内容与实际整理结果一致。若存在问题，则必须明确说明，并记录在附表23的“存在问题说明（指明缺失具体内容，包括图件、编图说明书、元数据文件、质检卡等的问题）”栏中。小结统计情况并记录在附表23的“数据统计问题小结”中。

3. 全国级成果图件整理情况记录表

“全国级成果图件整理情况记录表”填写要求见附表24，文档格式采用MS Word格式。对每个图件或文档进行清理并按要求进行整理，将已整理情况记录在附表24的“存在问题整理情况记录（包括图件、编图说明书、元数据文件、质检卡等的问题）”栏中，小结整理情况并记录在附表24的“数据整理问题小结”中。

4. 全国级矿产资源潜力评价成果文档整理情况记录表

"全国级矿产资源潜力评价成果文档整理情况记录表"填写要求见附表 25，文档格式采用 MS Word 格式，要求附表 25 所有统计内容与实际整理结果一致。若存在问题，则必须明确说明，并记录在附表 25 的"存在问题整理情况记录"栏中，小结整理情况并记录在附表 25 的"文档整理问题小结"中。

5. 全国级成果图件元数据文件（XML）整理情况记录表

"全国级成果图件元数据文件（XML）整理情况记录表"填写要求见附表 26，文档格式采用 MS Word 格式，要求附表 26 内所有统计内容与实际整理结果一致。若存在问题，则必须明确说明，并记录在附表 26 的"存在问题整理情况记录"栏中，小结整理情况并记录在附表 26 的"元数据整理问题小结"中。

第三章 数据整理要求

第一节 基本技术要求

1）《全国矿产资源潜力评价省级矿产资源潜力评价资料性成果图件及属性库复核汇总技术方案》（项目办发〔2010〕35 号），具体内容如表 3－1。

表 3－1 全国矿产资源潜力评价省级成果图件及属性库复核汇总技术方案内容

<table>
<tr><th>序号</th><th colspan="2">文档名称</th></tr>
<tr><td>1</td><td>项目办发〔2010〕35 号文的主文件</td><td>《全国矿产资源潜力评价省级矿产资源潜力评价资料性成果图件及属性库复核汇总技术方案》</td></tr>
<tr><td>2</td><td rowspan="17">项目办发〔2010〕35 号文的附件</td><td>附件 1：《华北辖区省级矿产资源潜力评价资料性成果图件及属性库复核汇总内容清单》</td></tr>
<tr><td>3</td><td>附件 2：《东北辖区省级矿产资源潜力评价资料性成果图件及属性库复核汇总内容清单》</td></tr>
<tr><td>4</td><td>附件 3：《华东辖区省级矿产资源潜力评价资料性成果图件及属性库复核汇总内容清单》</td></tr>
<tr><td>5</td><td>附件 4：《中南辖区省级矿产资源潜力评价资料性成果图件及属性库复核汇总内容清单》</td></tr>
<tr><td>6</td><td>附件 5：《西南辖区省级矿产资源潜力评价资料性成果图件及属性库复核汇总内容清单》</td></tr>
<tr><td>7</td><td>附件 6：《西北辖区省级矿产资源潜力评价资料性成果图件及属性库复核汇总内容清单》</td></tr>
<tr><td>8</td><td>附件 7：《×省（市、区）矿产资源潜力评价省级基础地质编图和铁铝单矿种潜力评价成果图件及属性库复核质量评述报告模板》</td></tr>
<tr><td>9</td><td>附件 8：《省级矿产资源潜力评价各类图件图层空间拓扑要求》</td></tr>
<tr><td>10</td><td>附件 9：GeoMAG 软件图件及属性库质量检查指标 Excel 模板
附件 9－1：图件结构检查指标模板
附件 9－2：图层结构检查指标模板
附件 9－3：属性结构检查指标模板
附件 9－4：属性项值域检查指标模板
附件 9－5：属性项填写率检查指标模板
附件 9－6：查询统计属性检查指标模板
附件 9－7：图元编号检查指标模板
附件 9－8：潜力评价图件（库）数据质量检查评价记录表－验收执行模板</td></tr>
<tr><td>11</td><td>附件 10：《矿产资源潜力评价成果图件及属性库质量自检自查记录卡模板》</td></tr>
<tr><td>12</td><td>附件 11：《省级矿产资源潜力评价各专业图件专业属性数据方面质量指标要求》</td></tr>
<tr><td>13</td><td>附表 1：省级矿产资源潜力评价基础地质编图图件及属性库、报告、表格、附件等文件清单</td></tr>
<tr><td>14</td><td>附表 2：省级铁矿资源潜力评价成果图件及属性库、报告、表格、附件等文件清单</td></tr>
<tr><td>15</td><td>附表 3：省级铝土矿资源潜力评价成果图件及属性库、报告、表格、附件等文件清单</td></tr>
<tr><td>16</td><td>附表 4：省级矿产资源潜力评价基础地质编图和铁、铝矿种潜力评价成果图件及属性库、报告、表格、附件等文件提交目录结构规定</td></tr>
<tr><td>17</td><td>附表 5：×省（市、区）矿产资源潜力评价图件图面要素分类及图面表示的系统库图例号清单
附表 5－1：省级基础地质编图成果图件图面要素分类及图面表示的系统库图例号清单
附表 5－2：省级铁矿潜力评价成果图件图面要素分类及图面表示的系统库图例号清单
附表 5－3：省级铝土矿潜力评价成果图件图面要素分类及图面表示的系统库图例号清单
附表 5－4：省级×矿（组）潜力评价成果图件图面要素分类及图面表示的系统库图例号清单</td></tr>
<tr><td>18</td><td>附表 6：×省（市、区）预测工作区边界、典型矿床研究区边界 MapGIS 图件清单</td></tr>
</table>

2）矿产资源潜力评价数据模型要求，具体内容包括：

《成矿地质研究数据模型》、《成矿规律研究数据模型》、《矿产预测研究数据模型》、《重力资料应用数据模型》、《磁测资料应用数据模型》、《化探资料应用数据模型》、《遥感资料应用数据模型》、《自然重砂资料应用数据模型》、《通用代码规定》、《数据项下属词规定》；《空间坐标系统及其参数规定》、《统一图式规定》、《统一图例规定》、《编图说明书提纲》、《地理信息规定》、《元数据规定》。

3）《省级矿产资源潜力评价综合信息集成专题汇总技术要求》。

4）关于开展省级基础编图和铁铝等11个矿种潜力评价成果资料及相应数据库收交工作的通知（项目办发〔2011〕35号）。

5）关于全国矿产资源潜力评价阶段性成果验收相关细则及其他工作的通知(项目办发〔2009〕40号)。

6）全国矿产资源潜力评价各专业编图工作技术要求，具体内容包括：

《成矿地质背景研究技术要求》、《重要矿产和区域成矿规律研究技术要求》、《矿产定量预测方法》、《重力资料应用技术要求》、《磁测资料应用技术要求》、《化探资料应用技术要求》、《遥感资料应用技术要求》、《自然重砂资料应用技术要求》；《成矿地质背景图件编图流程》、《成矿规律图件编图技术流程》、《矿产预测图件编图技术流程》、《重力资料应用图件编图技术流程》、《磁测资料应用图件编图技术流程》、《化探资料应用图件编图技术流程》、《遥感资料应用图件编图流程》、《重砂资料应用图件编图技术流程》。

第二节　基本软件工具

1）全国矿产资源潜力评价图件数据模型管理系统 GeoMAM，用于矿产资源潜力评价图件数据模型管理维护。

2）全国矿产资源潜力评价图件数据模型使用软件工具 GeoMAG，用于支持基于矿产资源潜力评价图件数据模型的专题编图、属性建库、图件属性数据浏览编辑、图件规范处理以及图件规范性检查评价等。

3）全国矿资源潜力评价图件使用数据模型合规性检查软件 GeoDQC，用于支持检查全国矿产资源潜力评价专题成果图件使用图件数据模型的合规性情况，即图件使用的数据模型与矿产资源潜力评价图件数据模型是否一致，并记录、统计错误情况。主要用于支持矿产资源潜力评价图件数据模型的使用、检查、修改及规范化工作。

4）全国矿产资源潜力评价图件空间拓扑检查软件工具 GeoTOK，用于支持基于矿产资源潜力评价图件数据模型和空间拓扑规则的图件空间拓扑检查、修改等。

5）全国矿产资源潜力评价图件数据质量检查与评价软件 GeoDQCTOK，基于矿产资源潜力评价图件数据质量与检查模型，检查与评价全国矿产资源潜力评价专题图件数据质量，并辅助修改模型使用和数据采集错误。主要用于支持全国矿产资源潜力评价图件数据初审验收、终审验收、复核验收、收交验收等工作，也用于支持全国矿产资源潜力评价图件数据的检查（自检、互检）、抽查及项目成果数据质量监管等工作。

6）全国矿产资源潜力评价省级矿产资源潜力评价资料性成果集成建库管理系统 GeoPEX，用于支持30个省（市、自治区）和6个大区矿产资源潜力评价项目组的矿产资源潜力评价资料性成果集成建库管理。

7）全国矿产资源潜力评价成果图件目录整理与检查软件 Geo035，基于全国矿产资源潜力评价成果图件资料文件汇总目录规定，整理、检查、规范成果图件资料文件汇总目录，辅助成果图件资料文件汇总工作。

8）全国矿产资源潜力评价数据集成管理平台 DipMopa，由六个基础子系统组成，包括①集成数据库 DipMopa－IDB；②数据库管理系统 DipMopa－DBS；③应用搭建环境 DipMopa－DEV；④应用管理器 DipMopa－APP；⑤软件工具箱 DipMopa－KIT；⑥系统管理员 DipMopa－ADM。平台 DipMopa 有两方面作用：一方面可用来集成管理潜力评价海量成果，即把全国30省（市、自治区）的矿产资源潜力评价资料性成果、6个大区范围（华北、东北、华东、中南、西南、西北）和全国范围8个专题（成矿地质背景研究、成矿规律研究、重力资料应用、磁测资料应用、化探资料应用、遥感资料应用、重砂资料应用、矿产预测研究）矿产资源潜力评价综合性成果集成管理建库；另一方面用来利用开发潜力评价海量成果，即DipMopa平台的数据集成管理功能、应用搭建功能以及基础数据整合功能等为全国矿产资源潜力评价工作常态化奠定了数据资源基础和技术平台基础。

9）另外，为配合全国矿产资源潜力评价成果空间数据库建库工作，其他软件工具适当选用，只要满足要求即可。

第三节　整理技术要求

一、成果图件

1. 图件工程及图层

1）坐标系类型及相关参数：图件工程及其所有图层的坐标系类型及相关参数均应符合《空间坐标系统及其参数规定》中具体要求，反之则必须改正；若有无法改正的图件，则任务承担单位应及时单独或汇总上报给任务委托方，由委托方联系相关省级项目组修改并再次提交相关图件后并返回再次整理。

2）图件工程及图层完整性：记录不存在或无图元的图层情况；对本应属于规定图层的自增图层内容，应依据相关图件数据模型要求进行归属处理；对与图件工程无关的垃圾图层（文件）或垃圾子目录进行删除。

3）图件工程及图层规范性：图件工程的计算机使用名称和图件代码、图层计算机使用名称和图层代码及图层中文说明等应符合《通用代码规定》及相关图件数据模型要求。

4）自增图层（不论是自增专业图层，还是自增非专业图层）的计算机使用名称：同类图件中相同内容自增图层，应命名相同的简洁明确的中文名，而且，在本任务整体内同类图件中相同内容自增图层的中文名应统一。因此，在整理入库过程中，各承担单位应将所遇到并拟定的自增图层中文命名信息及时上报给任务委托方，由任务委托方审核、确认，并下发各承担单位使用，真正做到同类图件中相同内容自增图层中文名统一。

5）图件工程及图层可用性：应使用指定软件检查图件是否可以正常打开并正常显示。若不能正常打开或正常显示，则承担单位应及时单独或汇总上报给任务委托方，由委托方联系相关省级项目组修改或替换并再次提交相关图件，然后转给相关任务承担单位再次整理。

6）边界图层命名及要求：图件的省级行政边界线、预测工作区边界线、典型矿床研究区边界线，以及大区范围边界线、全国范围边界线的图层中文命名、封闭性、图示要求，应按《全国矿产资源潜力评价省级矿产资源潜力评价资料性成果图件及属性库复核汇总技术方案》规定执行。即：省级行政边界线、预测工作区边界线、典型矿床研究区边界线、大区范围边界线命名模式分别为：“×省（市、区）行政区边界. wl”、“×预测工作区边界. wl”、“×典型矿床研究区边界. wl”、“×大区范围边界. wl”，且应满足三个要求：①同一空间范围图件的上述边界应一致；②边界线应封闭；③边界线显示应淡化处理，即不必显示表示。标准分幅图件的边界图层命名及要求，应按标准分幅图件内图廓线命名及要求执行。“全国范围边界线. wl”，应符合按相应比例尺中华人民共和国国界画法规定。

2. 图件空间数据集

1）所有省级矿产资源潜力评价成果图件的空间拓扑质量要求，应按照《全国矿产资源潜力评价省级矿产资源潜力评价资料性成果图件及属性库复核汇总技术方案》中附件8《省级矿产资源潜力评价资料性成果图件图层空间拓扑要求》规定，借助委托方专门指定配备的GeoTOK软件及内置省级矿产资源潜力评价成果图件空间拓扑检查规则，进行检查排错整理，彻底清除图件上遗留的所有空间拓扑错误。主要包括：①结点错误；②重复或重叠点坐标错误；③Z字型线或弧错误；④线或弧自相交错误；⑤多余的弧段错误；⑥重叠图元错误；⑦套合不一致错误；⑧拓扑不一致错误；⑨未闭合线或未闭合面错误；⑩未压缩存盘错误。

2）所有大区范围矿产资源潜力评价综合性成果图件的空间拓扑质量要求，可以参照《全国矿产资源潜力评价省级矿产资源潜力评价资料性成果图件及属性库复核汇总技术方案》中附件8《省级矿产资源潜力评价资料性成果图件图层空间拓扑要求》规定执行，此类图件的空间拓扑质量具体要求待定。

3）所有全国范围矿产资源潜力评价综合性成果图件的空间拓扑质量要求，可以参照《全国矿产资源潜力评价省级矿产资源潜力评价资料性成果图件及属性库复核汇总技术方案》中附件8《省级矿产资源潜力评价资料性成果图件图层空间拓扑要求》规定执行，此类图件的空间拓扑质量具体要求待定。

3. 属性数据

（1）属性数据结构规范性

全国矿产资源潜力评价数据模型规定的成果图件的规定图层的属性数据结构，应符合全国矿产资源潜力评价数据模型规定要求；若自增专业图层引用了规定的属性数据项，则引用的属性数据项应符合全国矿产资源潜力评价数据模型相关属性数据项规定；地理图层属性数据结构应符合 GeoMAG 软件内置全国矿产资源潜力评价数据模型库内的地理图层属性数据结构规定；辅助图层尽管无规定的属性结构，但也不得自增不合理的属性项，而且辅助图层的内容及命名应符合 GeoMAG 软件内置全国矿产资源潜力评价数据模型库内的辅助图层要求。

若待整理图层属性数据项比规定的长，且经过内容分析并与任务委托方充分交流，一致认为数据项长的理由可信（即保留原长），则应详细记录此情况并汇总上报给任务委托方，由委托方审核、确认、备案。否则，应按数据模型规定整理且不能丢失信息。

（2）数据项下属词规范性

对专业图层属性数据项内容而言，若属性数据项使用了数据项下属词，则下属词应符合全国矿产资源潜力评价数据模型数据项下属词规定；对不在规定范围内的下属词，应详细记录并汇总上报给任务委托方，由委托方审核、确认、规范，并置入 GeoMAG 软件内置的全国矿产资源潜力评价数据模型库内，然后下发给承担整理任务方将有数据项下属词不在规定范围内的相关图件整理至符合数据项下属词规定。

专业图层属性数据项内空格的处理，应依据全国矿产资源潜力评价数据模型相关属性数据项填写规定，删除不必要的或冗余的空格。

本应填写下属词代码的却填写了下属词名称或符号，或者本应填写下属词名称或符号的却填写了下属词代码，此类两种情形，均应整理成符合 GeoMAG 软件内置的全国矿产资源潜力评价数据模型库的规定。

（3）特征代码（FEATUREID）、图元编号（CHFCAC）要求

专业或地理图层内的特征代码和图元编号，应严格符合《通用代码规定》，且按照《全国矿产资源潜力评价省级矿产资源潜力评价资料性成果图件及属性库复核汇总技术方案》中特征代码和图元编号要求（即规范性、唯一性、统一性、一致性）整理。

（4）图面要素表达与图元专业属性不一致性处理

对图面要素表达与图元专业属性明显不一致的情况，应按图面要素表达信息修改图元专业属性（依据是图面内容是专业人员编制的，也是专家审阅的，并已验收了的图件）使图面要素表达与图元专业属性一致，并记录备案汇总上报任务委托方。记录内容要求明确到图件、图层、图元、修改前属性、修改后属性、修改人、责任人、相关专家、修改日期等。

二、编图说明书

1）编图说明书文件名：每个图件的编图说明书文件名称，使用“图件中文名称” +“编图说明书” +“. doc”的模式命名，图件中文名称命名应按照全国矿资源潜力评价数据模型各专业分册内“七、图件及其图层命名清单”的“图件中文名称”命名模式执行。

2）编图说明书文件格式：每个图件的编图说明书文件格式均采用“WORD97－2003 文档”格式。

3）编图说明书文件内容：对每个图件的编图说明书文件内容，只是按相关专业图件类别的《编图说明书提纲》作简单排版处理，即：①编图说明书封皮上名称、扉页上名称，是否与内容一致，若不一致，则修改到一致。②删除编图说明书内不必要的空页、空行。③编图说明书内章节码、标题字体等明显不协调的情况，应简单排版处理，使其协调一致，但应以不改变具体内容为前提。

三、质量检查卡

1）图件质量检查卡（简称“质检卡”）文件名：每个图件的质检卡文件名称，使用“图件中文名称” + “质检卡” + “. doc”的模式命名，图件中文名称命名应按照全国矿资源潜力评价数据模型各专业分册内“七、图件及其图层命名清单”的“图件中文名称”命名模式执行。

2）图件质检卡文件格式：每个图件的质检卡文件格式均采用“WORD97－2003 文档”格式。

3）图件质检卡文件内容：对每个图件的质检卡文件内容，只是按照《全国矿产资源潜力评价省级矿产资源潜力评价资料性成果图件及属性库复核汇总技术方案》中《附件 10 矿资源潜力评价成果图件及属性数据库质量检查记录卡模板》作简单排版处理，即：①补填或规范质检卡表格标题：________省（市、区）、图类________________、图名。________________②删除质检卡内不必要的空页、空行。③若质检卡文件内容不是按质检卡模板填写的，则应按质检卡模板调整质检卡文件内容，但应以不改变具体内容为前提。

四、图件元数据

1. 图件元数据文件名

每个图件的元数据文件名称，使用“图件中文名称” + “元数据” + “. XML”的模式命名，图件中文名称命名应按照全国矿产资源潜力评价数据模型各专业分册内“七、图件及其图层命名清单”的“图件中文名称”命名模式执行。

2. 图件元数据文件格式

每个图件的元数据文件格式均采用“. XML”格式。

3. 图件元数据文件内容

既考虑图件元数据文件已采用的元数据规定，不增加整理工作量，又要考虑元数据的完整通用，同时还要满足 DipMopa 平台入库与检索要求，拟定图件元数据文件内容整理分两步完成到位。

第一步：各承担整理入库任务单位按照矿产资源潜力评价数据模型《元数据规定》，采用由委托方专门指定配备的元数据采集软件及内置全国矿产资源潜力评价成果图件元数据模式，检查、修改、补充、完善省级矿产资源潜力评价成果图库元数据信息。第一步完成整理后的元数据文件结果模板见本书附件 1。

第一步重点整理的内容，主要包括：

1）数据格式必须符合“全国矿产资源潜力评价元数据模板”要求，能够在“元数据采集器（Access）”软件下做到“导进导出”。

2）“元数据名称”必须与图件图面上名称一致，采用“图件图面上名称＋元数据”格式。

3）“空间分辨率”严格与图件比例尺一致。

4）“地理标识符”符合元数据规定，根据数据集覆盖的空间范围（图幅、矿区、预测工作区、成矿区带、大地构造分区、省区、片区、全国等）填写，取空间范围约定俗成的名称。例如：图幅取图幅名，矿区取矿区名，预测工作区取预测工作区名，片区取片区名等，仅填写一个地理标识符。

5）“地理坐标范围信息”与图件坐标范围一致，正确转换成度为单位表达。

6）“关键词”信息统一补充完善，至少包含专业关键词、空间关键词（002）和时间关键词三类信息。

7）“空间参照系信息”与图件空间参照系信息匹配，相关空间参数必须与图件一致。

8）“内容信息”按照元数据填写要求补充完善，“图层名称”列举数据模型中本图件的关键图层中文名称，“要素类型名称”填写该图层包含的数据表名称，“属性列表”列举数据模型中本图件的关键图层的属性内容的文字表述。

9）补充“数据集限制”信息。

10）补充“维护信息”信息，可暂空。

11）补充“数据质量说明”信息，可暂空。

12）补充“数据志”信息，可暂空。

第二步：基于DipMopa平台数据入库要求，对元数据信息进行部分扩充。该项内容无须人工补充填写，通过武汉中地数码公司提供的专门软件工具自动读取图件相关信息进行补充。即第二步借助中地数码公司提供的专门软件工具输入已整理过的成果图件及第一步已整理的该图件元数据文件，自动读取图件相关信息，并补充到第一步已整理的该图件元数据文件中，得到第二步完成的图件元数据文件。第二步完成整理后的元数据文件结果模板见本书附件的附件2。

第二步基于图件相关信息和第一步已整理的该图件元数据文件，主要补充以下内容：

13）“标准编码”，从图件直接可读取。

14）“大地坐标范围”，从图件直接可读取。

15）“内容信息”部分，直接参考全国矿产资源潜力评价相关图件数据模型规定，分类提取信息即可。

五、遥感影像图

1）遥感影像图件工程文件名整理要求：每个遥感影像图工程文件名称，使用“图件标识码+图件来源标识码+图件类型标识码+图件比例尺标志码+图件名称拼音首字母码”+“. MPJ”的模式命名。图件存放路径示例：

E：\ 四川省 \ 铝土矿种潜力评价图库 \ YG_ 遥感资料应用 \ YGYX_ GQ_ 铝土矿预测工作区遥感影像图 \ MAP_ 影像图件 \ MYGYGYXFDYCY_ 四川省大白岩式铝土矿广元青川预测工作区遥感影像图 \ MYGYGYXFDYCY. MPJ

注意1：遥感影像图件的比例尺，应统一从遥感影像图工程文件中查找。

注意2：图件名称拼音首字母码，要求4个字母，规则与原来相应要求一致。

2）遥感影像文件（即MSI）命名整理要求：每个遥感影像图件工程中对应的影像文件（即MSI文件），使用上述“遥感影像图件工程文件名”+“. msi”的模式命名。MSI文件存放路径示例：

E：\ 四川省 \ 铝土矿种潜力评价图库 \ YG_ 遥感资料应用 \ YGYX_ GQ_ 铝土矿预测工作区遥感影像图 \ MAP_ 影像图件 \ MYGYGYXFDYCY_ 四川省大白岩式铝土矿广元青川预测工作区遥感影像图 \ MSI \ MYGYGYXFDYCY. msi

3）遥感影像图件工程内其他图层文件整理要求：除MSI图层文件外的图层，属于地理图层或辅助图层，这些图层请按相应地理或辅助图层规范。

4）GeoTiff格式遥感影像图的整理结果，必须准确列出影像图参数信息格式，见附表8：省级基础地质编图遥感影像图（GeoTiff）整理情况记录表和附表9：省级×矿种（组）潜力评价成果遥感影像图（GeoTiff）整理情况记录表。

5）MSI格式省级基础地质编图遥感影像图的整理结果，必须准确列出影像像图参数信息格式，见附表10：省级基础地质编图遥感影像图（MSI）整理情况记录表。MSI格式省级×矿种（组）潜力评价成果遥感影像图的整理结果，必须准确列出影像像图参数信息格式，见附表11：省级×矿种（组）潜力评价成果遥感影像图（MSI）整理情况记录表。

6）大区范围、全国范围遥感影像图整理情况记录参照上述相应规定。

六、空间实体

1）空间实体提取规定：严格按照“表2－1　要求提取空间实体的省级基础成果图件类别及提取

内容”、“表2-2　要求提取空间实体的省级×矿种（组）成果图件类别及提取内容”、“表2-3　要求提取空间实体的大区级成果图件类别及提取内容”、“表2-4　要求提取空间实体的全国级成果图件类别及提取内容”规定，对规定图件种类提取规定的空间实体类数据。

2）空间实体提取形式：对所提取的空间实体类数据，仍以所在MapGIS图件工程形式存在，且图件工程文件名称，使用“图件中文名称”+“空间实体”+“.mpj”的模式命名，图件中文名称命名应按照全国矿资源潜力评价数据模型各专业分册内“七、图件及其图层命名清单”的“图件中文名称”命名模式执行。从图件中提取空间实体，应在空间实体所在图件整理完毕之后进行。

3）空间实体拓扑要求：空间实体的空间拓扑要求比图件的空间拓扑要求更严格。对提取的空间实体而言，要求完全清除存在空间拓扑错误。

4）空间实体的专业属性的完整性要求：因从图件上提取的空间实体已完全脱离了原来所在的图件，所以要求空间实体的专业属性是完整的。针对某些空间实体的属性结构而言，若只是继承全国矿资源潜力评价数据模型规定的属性结构，可能不完整，可能会丢弃一些附着在图面上的信息，必须适当补充或调整，例如：产状（点）、建造（面）等空间实体，就必须补充相应属性项。因此，各承担整理入库任务单位，针对某些需要补充或调整属性结构的空间实体，应将需要补充或调整属性结构的空间实体提取方案及时汇总上报任务委托方，由委托方审核、确认、统一、规范，然后，下发给各承担整理入库任务单位执行。

5）空间实体工程文件的存放目录结构：提取后的空间实体的坐标形式，仍然采用原图件工程经纬坐标形式。空间实体入库前提交目录结构仍采用全国矿产资源潜力评价项目办2010年35号文目录结构规定形式，只是去掉“TYMAP_ 投影坐标图件”子目录即可。

七、文档报告及表格资料

1）文档报告文件名：每种文档报告文件名称，使用相关验收要求或文档报告提纲约定的模式命名，相关验收要求或文档报告提纲待整理。

2）文档报告文件格式：每种文档报告文件格式均采用“Word97-2003文档”格式。

3）文档报告文件内容：对每种文档报告文件内容，只作简单排版处理，即：①文档报告封皮上名称、扉页上名称，是否与内容一致，若不一致，则修改到一致。②删除文档报告内不必要的空页、空行。③每种文档报告内章节码、标题字体等明显不协调的情况，应简单排版处理，使其协调一致，但应以不改变具体内容为前提。

4）数据表格：有严格填写格式要求的数据表格，例如：成矿规律研究资料表格（MS Excel格式）、矿产地一览表格（MS Excel格式）、矿产预测研究结果表格（MS Excel格式）。分两步整理：第一步，将MS Excel格式表格数据，按约定MS Excel格式整理、归类、汇总，第二步，将整理、归类、汇总后的MS Excel格式表格数据导入到MS Access数据库。

5）图片、卡片等资料：按各专业验收约定，整理、归类、汇总，以目录形式提交。

八、图例汇总归类

（1）以省级成果图件为单元的图例整理归类

承担整理入库任务单位，按“表2-5　×省级矿产资源潜力评价项目组编图所用图例实际情况统计表”方式统计，整理、归类统计涉及省级项目组编图所用的图例，“表2-6　×省（市、区）编图所用图例方案（以省（市、区）成果图件为单元）”表示。

（2）以承担整理入库图件集合为单元的图例整理归类

基于若干“表2-6　×省（市、区）编图所用图例方案（以省（市、区）成果图件为单元）”成果，整理、归类统计所整理的成果图件所用的图例，以“表2-7　编图所用图例方案草案（以承担整理入库图件集合为单元）”表示。

（3）以本次整理入库的30个省（市、区）成果图件为单元的图例整理归类基于若干“表2-7　编图所用图例方案草案（以承担整理入库图件集合为单元）”成果，整理、归类统计本次整理的30个省（市、区）成果图件所用的图例，以“表2-8　30个省级矿产资源潜力评价编图所用图例规范总体方案草案（基于30个省（市、区）矿产资源潜力评价专题编图实际总结）”表示。

（4）以六大区范围矿产资源潜力评价综合编图成果图件为单元的图例整理归类

基于“表2-9　×大区编图所用图例方案（以×大区矿产资源潜力评价综合编图图件集合为单元）”，即分别以六大区范围（华北、东北、华东、中南、西南、西北）矿产资源潜力评价综合编图成果图件为单位，整理、归类统计编图所用图例，以“表2-10　6个大区矿产资源潜力评价综合编图所用图例总体方案草案（基于6个大区矿产资源潜力评价专题编图实际总结）”表示。

（5）以全国范围矿产资源潜力评价综合编图成果图件为单元的图例整理归类

基于“表2-11　全国级矿产资源潜力评价×专题综合编图所用图例方案（以全国级矿产资源潜力评价×专题综合编图图件集合为单元）”，即分别以8个专业（即成矿地质背景研究、成矿规律研究、矿产预测研究、重力资料应用、磁测资料应用、化探资料应用、遥感资料应用、自然重砂资料应用）全国范围矿产资源潜力评价综合编图成果图件为单位，整理、归类统计编图所用图例，以“表2-12　全国级矿产资源潜力评价8个专题综合编图所用图例总体方案草案（基于全国级矿产资源潜力评价8个专题综合编图实际总结）”表示。

（6）最终汇总形成全国矿产资源潜力评价专题编图所用图例方案草案

基于“表2-8　30个省级矿产资源潜力评价编图所用图例规范总体方案草案（基于30个省（市、区）矿产资源潜力评价专题编图实际总结）”、“表2-10　6个大区矿产资源潜力评价综合编图所用图例总体方案草案（基于6个大区矿产资源潜力评价专题编图实际总结）”、“表2-12　全国级矿产资源潜力评价8个专题综合编图所用图例总体方案草案（基于全国级矿产资源潜力评价8个专题综合编图实际总结）”，整理、归类统计编图所用图例，以“表3-2　全国矿产资源潜力评价专题编图所用图例总体方案草案（基于全国矿产资源潜力评价省、大区及全国三级专题编图实际总结）”表示。

表3-2　全国矿产资源潜力评价专题编图所用图例总体方案草案

（基于全国矿产资源潜力评价省、大区及全国三级专题编图实际总结）

序号	图例专业谱系	图例逻辑代码			图例名称	图例图片	图例物理代码（基于统一库）	图例类型（符号\线型\图案\颜色）
		特征分类码	特征子类码	比例尺标志码				
…	…	…	…	…	…	…	…	…

注：表3-2中相关内容填写参照矿产资源潜力评价数据模型：统一图例规定分册（未出版资料）。

九、目录结构规定

1）已整理完成的省级矿产资源潜力评价成果图件（包括编图说明书、元数据文件、质量检查卡、遥感影像图、文档报告、数据表格、卡片、图片等）的目录结构，按2010年35号文规定执行。

2）已提取完成的省级矿产资源潜力评价空间实体成果的目录结构，按2010年35号文规定执行，只是去掉“JWMAP_ 经纬坐标图件”子目录即可。

3）已整理完成的六大区矿产资源潜力评价综合编图成果（包括编图说明书、元数据文件、质量检查卡、遥感影像图、文档报告、数据表格、卡片、图片等）的目录结构，可以参照2010年35号文执行，具体要求待定。

4）已提取完成的六大区矿产资源潜力评价综合编图的空间实体成果的目录结构，可以参照2010年35号文执行，具体要求待定。

5）已整理完成的全国范围矿产资源潜力评价综合编图成果（包括编图说明书、元数据文件、质量检查卡、遥感影像图、文档报告、数据表格、卡片、图片等）的目录结构，可以参照2010年35号文执行，具体要求待定。

6）已提取完成的全国范围矿产资源潜力评价综合编图的空间实体成果的目录结构，可以参照 2010 年 35 号文执行，具体要求待定。

十、用于 DipMopa 平台空间检索图层整理要求

为全国矿产资源潜力评价数据集成管理应用平台 DipMopa 便于实现基本空间检索，基于 1：25 万分幅接图表、省级行政区划范围边界、本次预测的各矿种（组）预测工作区范围边界、本次研究的各矿种（组）典型矿床研究区范围边界等空间信息整理提供 4 套基本空间检索图层，并按 DipMopa 平台要求配置到系统中，方便全国矿产资源潜力评价成果空间数据库空间检索。该 4 套基本空间检索图层的空间坐标系要求为北京 54、地理坐标系、单位为度，区文件必须进行空间拓扑，并满足空间拓扑定义，其他具体整理要求如表 3－3 规定。

表 3－3　基本空间检索图层整理规定

序号	基本空间检索图层	图层名称	几何类型	图元属性字段规定（特征代码（FEATUREID）\ 图元编号（CHFCAC）的定义见矿产资源潜力评价数据模型丛书《通用代码规定》）		专题属性字段规定			
						属性字段名称	属性类型	属性长度	属性字段填写内容说明
1	省级行政区划范围	省界	区	FEATUREID	CHFCAC	省名	字符	254	省全名
		市界	区	FEATUREID	CHFCAC	市名	字符	254	市全名
		县界	区	FEATUREID	CHFCAC	县名	字符	254	县全名
2	矿种（组）预测工作区范围	预测工作区范围	区	FEATUREID	CHFCAC	名称	字符	254	预测工作区名称
						预测类型	字符	254	预测工作区预测类型，包括所属预测方法类型、预测矿种所属矿产预测类型。
						矿种	字符	254	预测工作区矿种
						代码	字符	10	预测工作区代码（按见矿产资源潜力评价数据模型丛书《通用代码规定》要求填写）
		预测工作区名称	点	FEATUREID	CHFCAC	FEATUREID（特征代码）或 CHFCAC（图元编号）按矿产资源潜力评价数据模型丛书《通用代码规定》要求填写。			
		预测工作区类型	点	FEATUREID	CHFCAC				
		境界	线	FEATUREID	CHFCAC				
3	1：25 万分幅接图表	图幅范围	区	FEATUREID	CHFCAC	名称	字符	254	图幅名称
						编号	字符	254	图幅编号
		图幅名称	点	FEATUREID	CHFCAC	FEATUREID（特征代码）或 CHFCAC（图元编号）按矿产资源潜力评价数据模型丛书《通用代码规定》要求填写。			
		图幅代码	点	FEATUREID	CHFCAC				
		境界	线	FEATUREID	CHFCAC				
4	矿种（组）矿种典型矿床研究区范围	典型矿床研究区范围	区	FEATUREID	CHFCAC	名称	字符	254	典型矿床名称
						类型	字符	254	典型矿床所属的矿产预测类型
						矿种	字符	254	典型矿床的矿种
						代码	字符	10	典型矿床研究区代码（按见矿产资源潜力评价数据模型丛书《通用代码规定》要求填写）
		典型矿床名称	点	FEATUREID	CHFCAC	FEATUREID（特征代码）或 CHFCAC（图元编号）按矿产资源潜力评价数据模型丛书《通用代码规定》要求填写。			
		典型矿床矿种	点	FEATUREID	CHFCAC				
		典型矿床类型	点	FEATUREID	CHFCAC				
		境界	线	FEATUREID	CHFCAC				

第四章　数据建库要求

第一节　建库平台规定

全国矿产资源潜力评价成果数据库建库平台采用“全国矿产资源潜力评价数据集成管理应用平台”（简称矿产资源潜力评价集成管理应用平台）；英文名：The Data-Integration Platform for Mineral Resources Potential Assessment in China（缩称 DipMopa，读音迪普莫帕），该平台是由中国地质调查局发展研究中心委托武汉中地数码公司研发的，主要用于全国矿产资源潜力评价成果的建库、管理及应用。

全国矿产资源潜力评价数据集成管理应用平台 DipMopa，由六大子系统或模块组成，简述如下。

一、平台 DipMopa 第一子系统

中文名：全国矿产资源潜力评价数据集成管理应用平台－集成数据库（简称 DipMopa 平台集成数据库）；英文名：The Data-Integration Platform for Mineral Resources Potential Assessment in China-Integrated－DataBase（缩称 DipMopa-IDB）。

DipMopa-IDB，是全国矿产资源潜力评价数据集成管理应用平台 DipMopa 的数据层。DipMopa-IDB 的数据模型由系统元数据库模型、空间参照系库模型、成果图件库模型、空间实体库模型、遥感影像库模型、文档资料库模型和数据元数据库模型组成。系统元数据库模型是 DipMopa-IDB 数据模型的灵魂，用于描述或定义空间参照系库模型、成果图件库模型、空间实体库模型、遥感影像库模型、文档资料库模型和数据元数据库模型。

二、平台 DipMopa 第二子系统

中文名：全国矿产资源潜力评价数据集成管理应用平台——集成数据库管理系统（简称 DipMopa 平台集成数据管理系统）；英文名：The Data-Integration Platform for Mineral Resources Potential Assessment in China-DataBase Managment System（缩称 DipMopa-DBS）。

DipMopa-DBS，是全国矿产资源潜力评价数据集成管理应用平台的集成数据库管理层，用以集成、管理全国矿产资源潜力评价成果数据库，包括 30 省（市、自治区）矿产资源潜力评价基础性成果数据，华北、东北、华东、中南、西南、西北 6 个大区范围矿产资源潜力评价综合性成果数据，以及全国范围矿产资源潜力评价综合性成果数据。

三、平台 DipMopa 第三子系统

中文名：全国矿产资源潜力评价数据集成管理应用平台——应用搭建环境（简称 DipMopa 平台应用搭建环境）；英文名：The Data－Integration Platform for Mineral Resources Potential Assessment in China-Develop Environment（缩称 DipMopa－DEV）。

DipMopa－DEV，是全国矿产资源潜力评价数据集成管理应用平台的应用开发层，用以支持基于全国矿产资源潜力评价数据集成管理应用平台 DipMopa 数据层的多种应用系统的搭建与运行。

四、平台 DipMopa 第四子系统

中文名：全国矿产资源潜力评价数据集成管理应用平台——应用管理器（简称 DipMopa 平台应

用管理器）；英文名：The Data-Integration Platform for Mineral Resource Potential Assessment in China-Application Manager（缩称 DipMopa－APP）。

DipMopa－APP，是全国矿产资源潜力评价数据集成管理应用平台的应用系统管理层，用以注册、管理基于 DipMopa 平台应用搭建环境和 DipMopa 平台集成数据库开发的多种应用系统或软件，控制多种应用系统或软件的运行。

五、平台 DipMopa 第五子系统

中文名：全国矿产资源潜力评价数据集成管理应用平台——软件工具箱（简称 DipMopa 平台软件工具箱）；英文名：The Data-Integration Platform for Mineral Resources Potential Assessment in China-Software Kit（缩称 DipMopa－KIT）。

DipMopa－KIT，用以注册、管理基于 DipMopa 平台提供的多种软件工具。

六、平台 DipMopa 第六子系统

中文名：全国矿产资源潜力评价数据集成管理应用平台——系统管理员（简称 DipMopa 平台软件管理员）；英文名：The Data-Integration Platform for Mineral Resources Potential Assessment in China-System Administrator（缩称 DipMopa-ADM）。

DipMopa-ADM，用以注册、管理基于 DipMopa 平台的用户、权限、审计、备份/恢复、日志等信息。

平台 DipMopa 主界面如图 4－1。

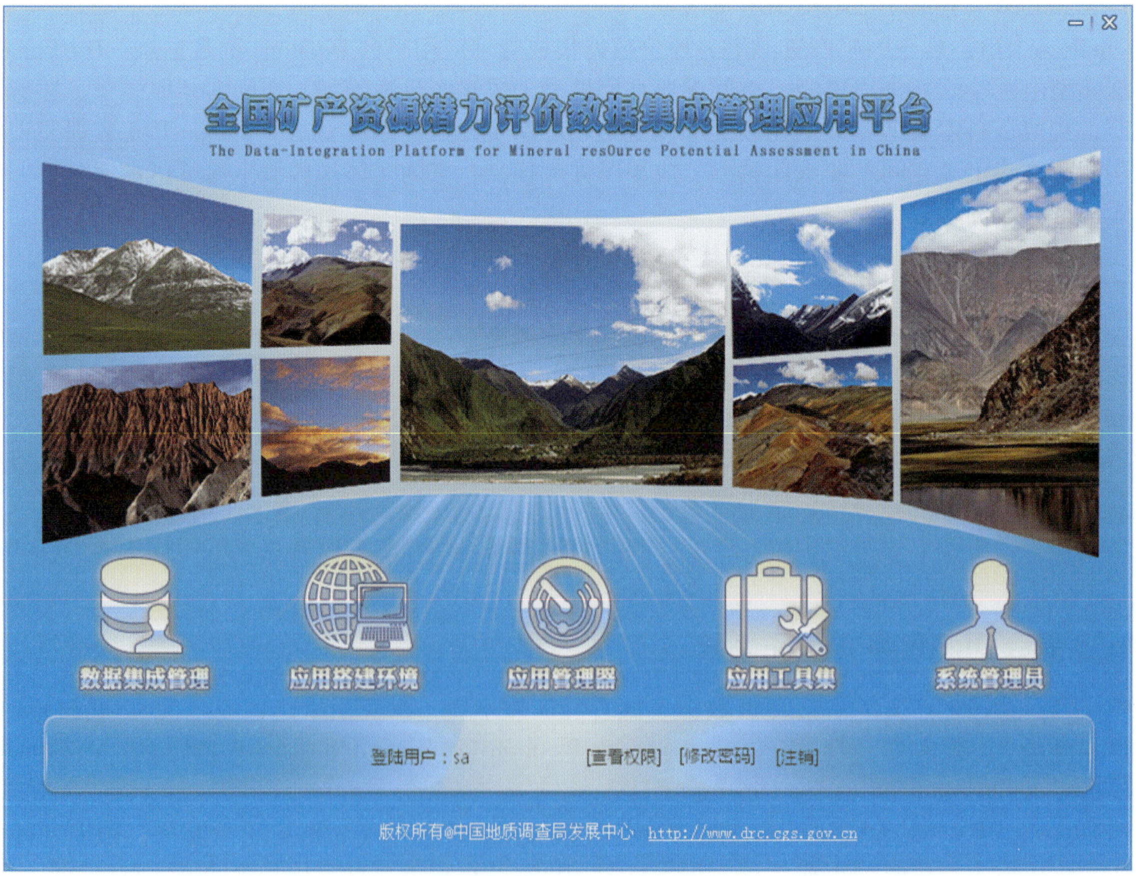

图 4－1 全国矿产资源潜力评价数据集成管理应用平台 DipMopa 主界面

第二节　入库格式要求

DipMopa 平台对入库成果的格式要求，就是全国矿产资源潜力评价项目办下发的 2010 年 35 号文的要求。主要内容有三点：

1）成果图件（包括编图说明书、元数据文件、质量检查卡、遥感影像图、文档报告等）的目录结构，严格按 2010 年 35 号文的《附表 4：省级矿产资源潜力评价基础地质编图和铁、铝矿种潜力评价成果图件及属性库、报告、表格、附件等文件提交目录结构规定》要求整理。

2）空间实体（包括编图说明书、元数据文件、质量检查卡等）的目录结构，严格参照 2010 年 35 号文的《附表 4：省级矿产资源潜力评价基础地质编图和铁、铝矿种潜力评价成果图件及属性库、报告、表格、附件等文件提交目录结构规定》要求整理，只是去掉其中的“JWMAP_ 经纬坐标图件”子目录。

3）元数据文件，按第三章“第三节 数据整理技术要求要点”中“图件元数据”规定的“两步”整理提交，第一步要求承担整理入库单位完成，第二步要求 DipMopa 平台开发商完成。提交到“META_ 元数据文件”子目录下的图件元数据文件（格式 XML）。

第三节　数据组织模式

在 DipMopa 平台中，数据组织模式分三个层次说明。

一、省级矿产资源潜力评价成果组织模式

1. 成果图件组织模式

30 个省级矿产资源潜力评价成果图件，分别以省（市、区）为单元；某省（市、区）成果图件单元，分为省级矿产资源潜力评价基础地质图库（简称“基础地质图库”）单元、×矿种（组）潜力评价图库（简称“×矿种成果图库”）单元。基础地质图库单元，分为成矿地质背景图库单元、重力资料应用图库单元、磁测资料应用图库单元、化探资料应用图库单元、遥感资料应用图库单元、重砂资料应用图库单元；×矿种成果图库单元，分为×矿种省区范围图库单元、×矿种预测工作区图库单元、×矿种典型矿床图库单元。×矿种省区范围图库单元，分为成矿地质背景图库单元、矿产预测图库单元、重力资料应用图库单元、磁测资料应用图库单元、化探资料应用图库单元、遥感资料应用图库单元、重砂资料应用图库单元；×矿种预测工作区图库单元，分为成矿地质背景图库单元、矿产预测图库单元、重力资料应用图库单元、磁测资料应用图库单元、化探资料应用图库单元、遥感资料应用图库单元、重砂资料应用图库单元；×矿种典型矿床图库单元，分为成矿地质背景图库单元、矿产预测图库单元、重力资料应用图库单元、磁测资料应用图库单元、化探资料应用图库单元、遥感资料应用图库单元、重砂资料应用图库单元。如图 4－2 所示（以四川省为例）。

2. 遥感影像图成果组织模式

30 个省级矿产资源潜力评价遥感影像图，分别以省（市、区）为单元；某省（市、区）成果图件单元，分为省级矿产资源潜力评价遥感影像图库（简称“基础遥感影像图库”）单元、×矿种（组）潜力评价遥感影像图库（简称“×矿种遥感影像图库”）单元。基础影像图库单元，分为省级遥感影像图库单元、分幅遥感影像图库单元；×矿种影像图库单元，分为×矿种预测工作区影像图库单元、×矿种典型矿床影像图库单元。如图 4－3 所示（以四川省为例）。

3. 空间实体成果组织模式

30 个省级矿产资源潜力评价空间实体，分别以省（市、区）为单元；某省（市、区）空间实体单元，按比例尺、空间实体分类为单元。如图 4－4 所示（以四川省为例）。

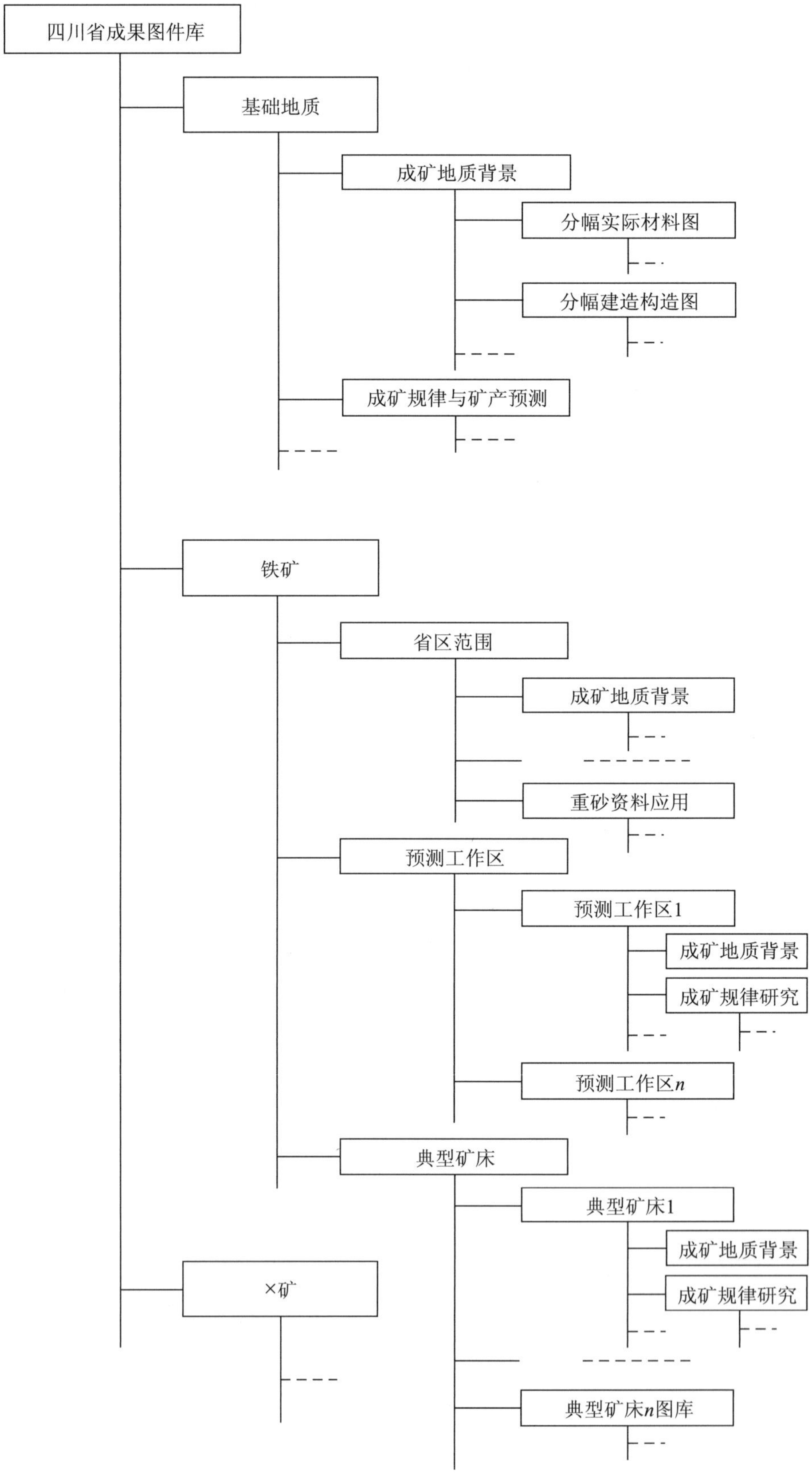

图4-2　省（市、区）级矿产资源潜力评价成果图件组织模式（以四川省为例）

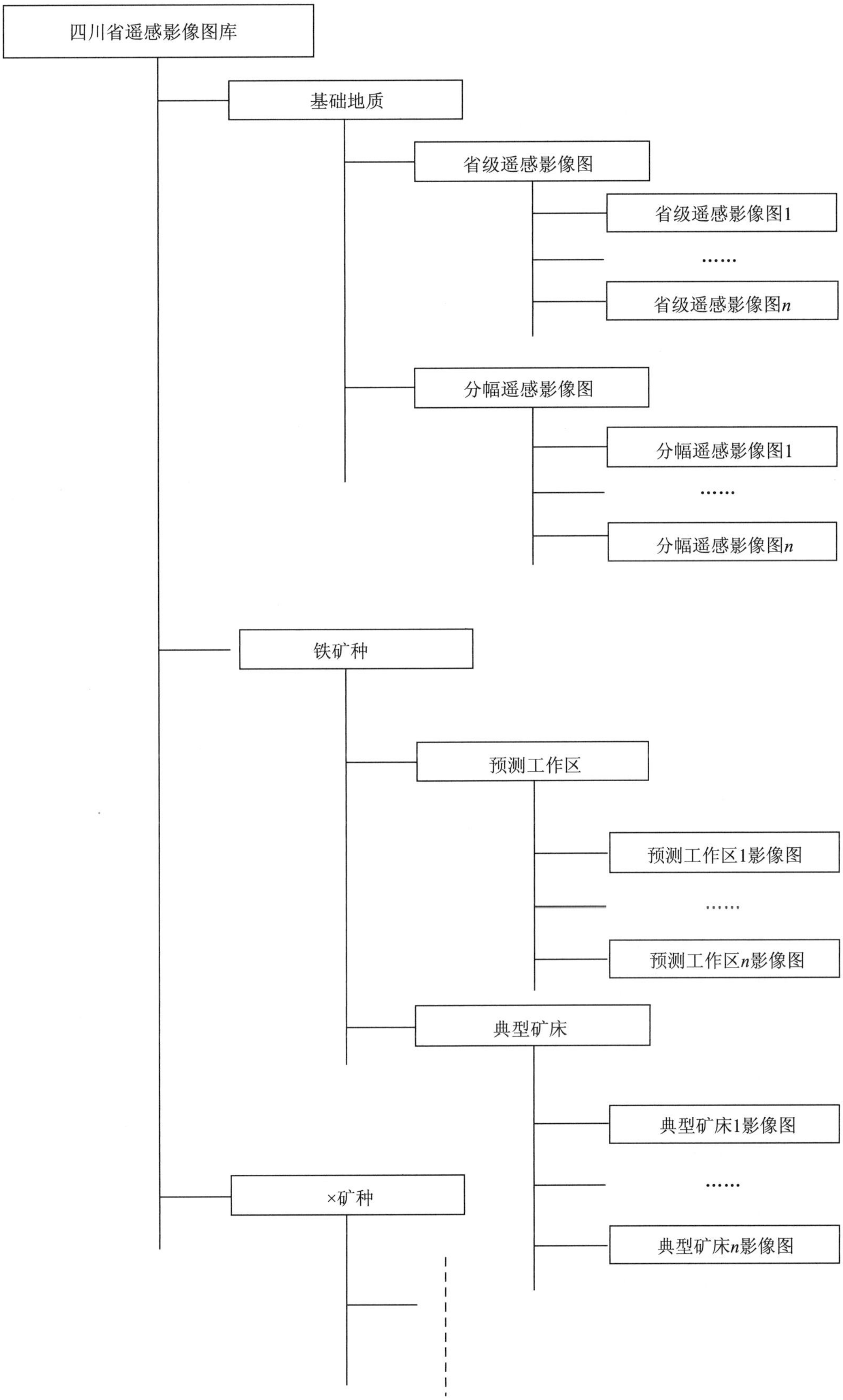

图 4－3　省（市、区）级矿产资源潜力评价遥感影像图库组织模式（以四川省为例）

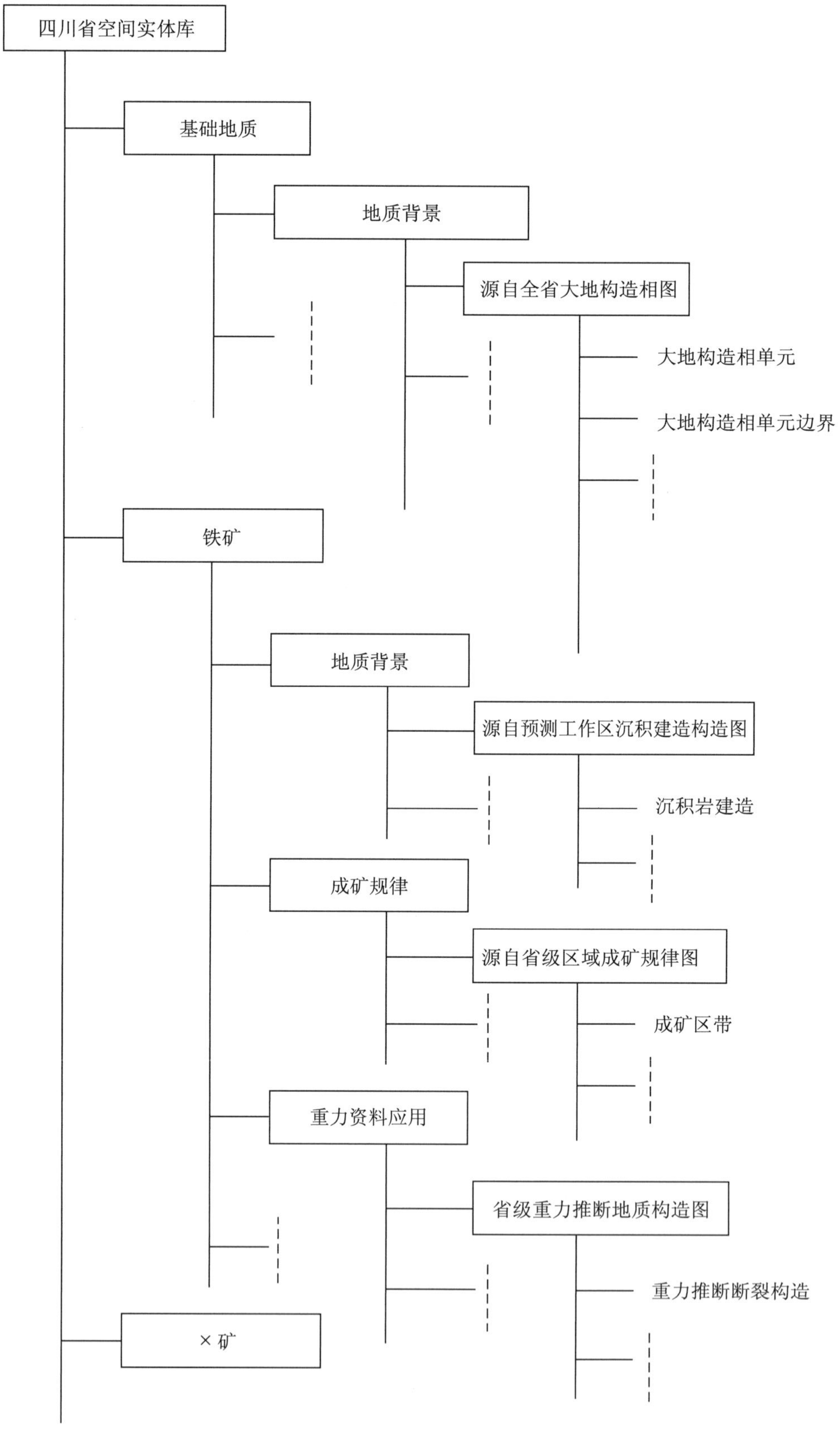

图4－4　省（市、区）级矿产资源潜力评价空间实体库组织模式（以四川省为例）

二、大区范围矿产资源潜力评价综合编图成果组织模式

1. 成果图件组织模式

6 个大区范围矿产资源潜力评价综合编图成果图件，分别以大区（即东北、华北、华东、中南、西南、西北）为单元；某大区综合编图成果图件单元，分为成矿地质背景图库单元、成矿规律研究图库单元、矿产预测研究图库单元、重力资料应用图库单元、磁测资料应用图库单元、化探资料应用图库单元、遥感资料应用图库单元、重砂资料应用图库单元。如图 4－5 所示（以西南片区为例）。

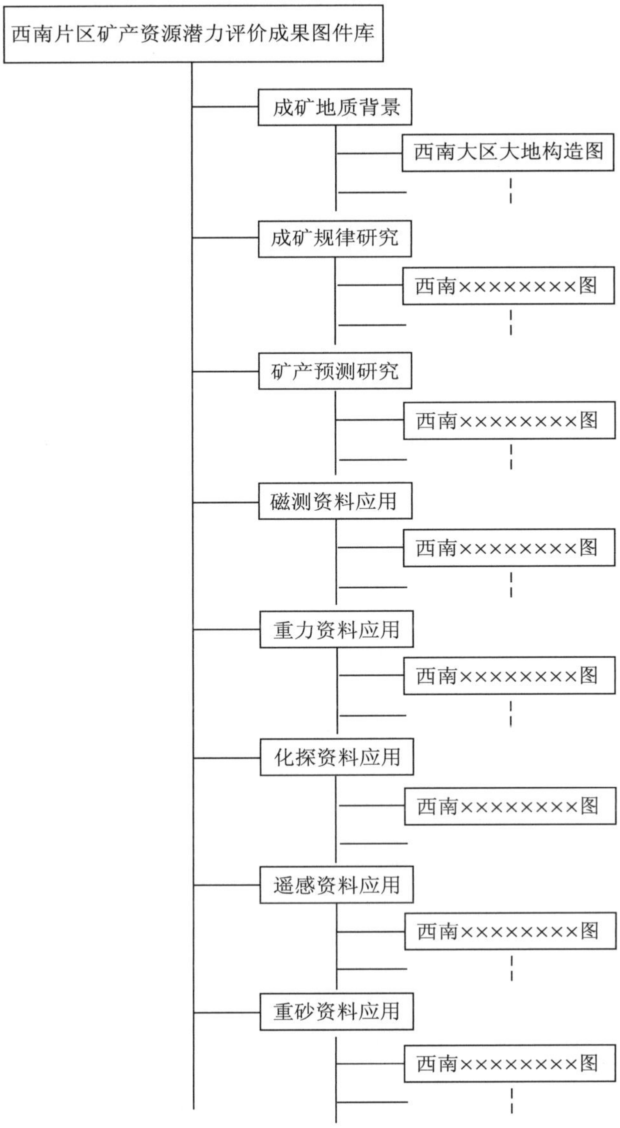

图 4－5　×大区矿产资源潜力评价成果图件库组织模式（以西南片区为例）

2. 遥感影像图成果组织模式

6 个大区范围矿产资源潜力评价遥感影像图，分别以大区为单元；某大区遥感影像图单元如图 4－6所示（以西南片区为例）。

3. 空间实体成果组织模式

6 个大区范围矿产资源潜力评价空间实体，分别以大区（东北、华北、华东、中南、西南、西北）为单元；某大区空间实体单元，按比例尺、空间实体分类为单元。如图 4－7 所示（以西南片区为例）。

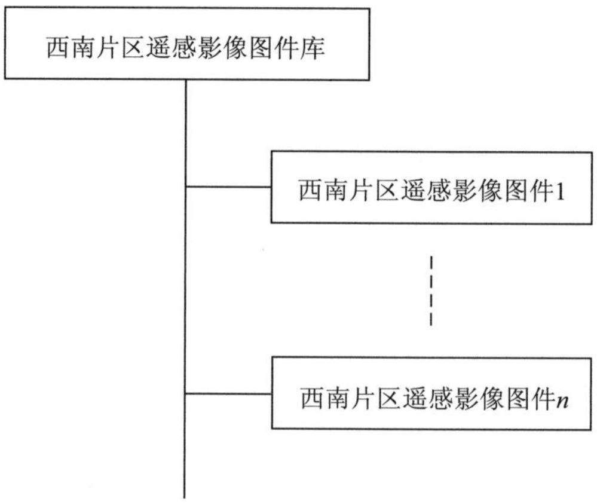

图 4－6　×大区矿产资源潜力评价遥感影像图件库组织模式（以西南片区为例）

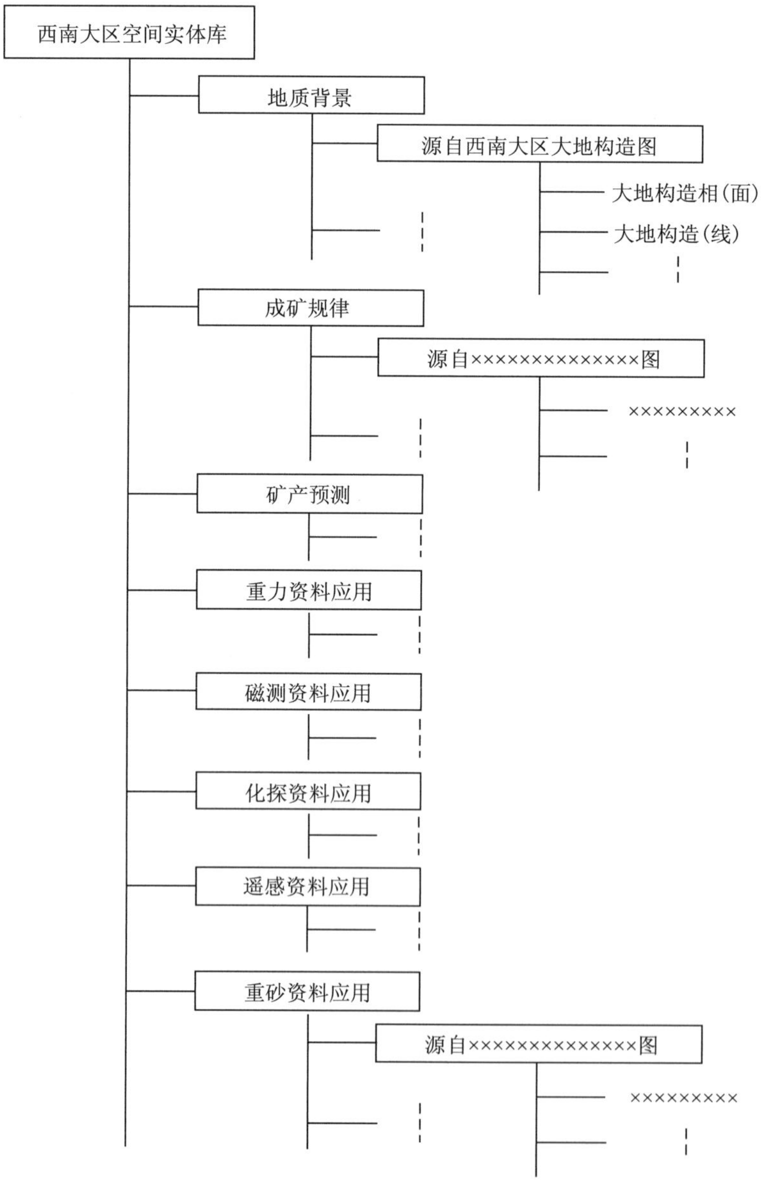

图 4－7　×大区范围矿产资源潜力评价空间实体库组织模式（以西南片区为例）

三、全国范围矿产资源潜力评价综合编图成果组织模式

1. 成果图件组织模式

全国范围矿产资源潜力评价综合编图成果图件，分为成矿地质背景图库单元、成矿规律研究图库单元、矿产预测研究图库单元、重力资料应用图库单元、磁测资料应用图库单元、化探资料应用图库单元、遥感资料应用图库单元、重砂资料应用图库单元。如图 4－8 所示。

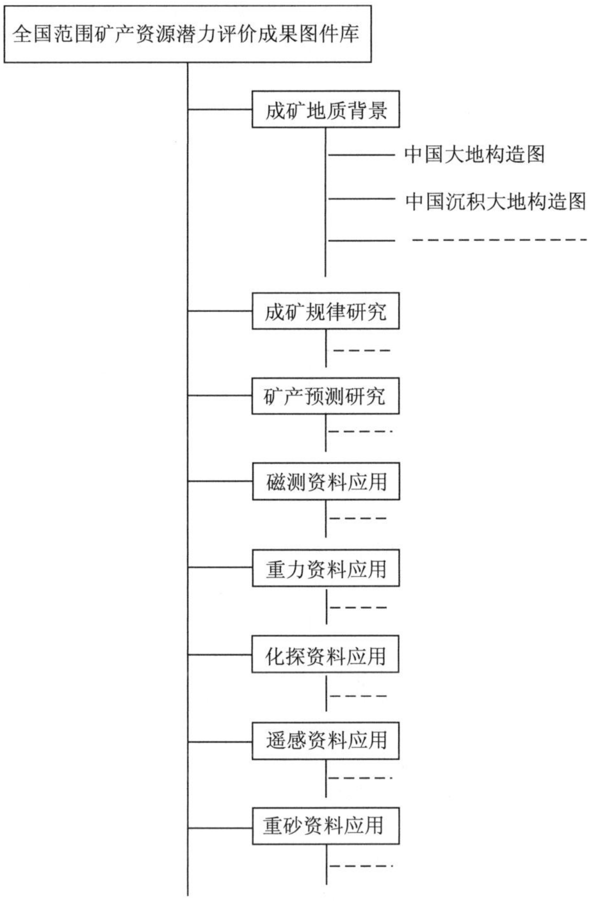

图 4－8　全国范围矿产资源潜力评价综合图库组织模式

2. 遥感影像图成果组织模式

全国范围矿产资源潜力评价遥感影像图库组织模式，如图 4－9 所示。

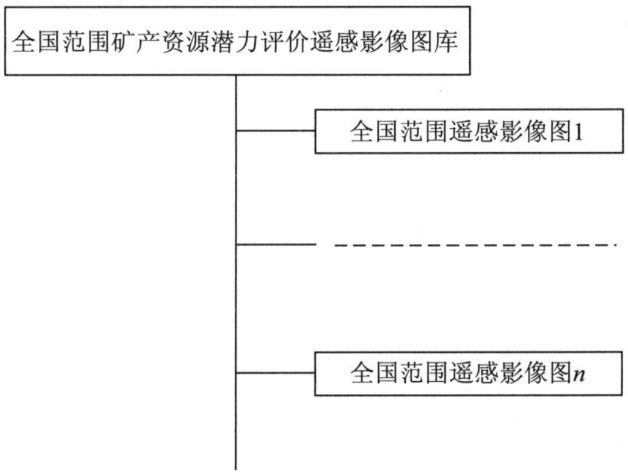

图 4－9　全国范围矿产资源潜力评价遥感影像图库组织模式

3. 空间实体成果组织模式

全国范围矿产资源潜力评价空间实体，按空间实体来源分类为单元组织。如图 4－10 所示。

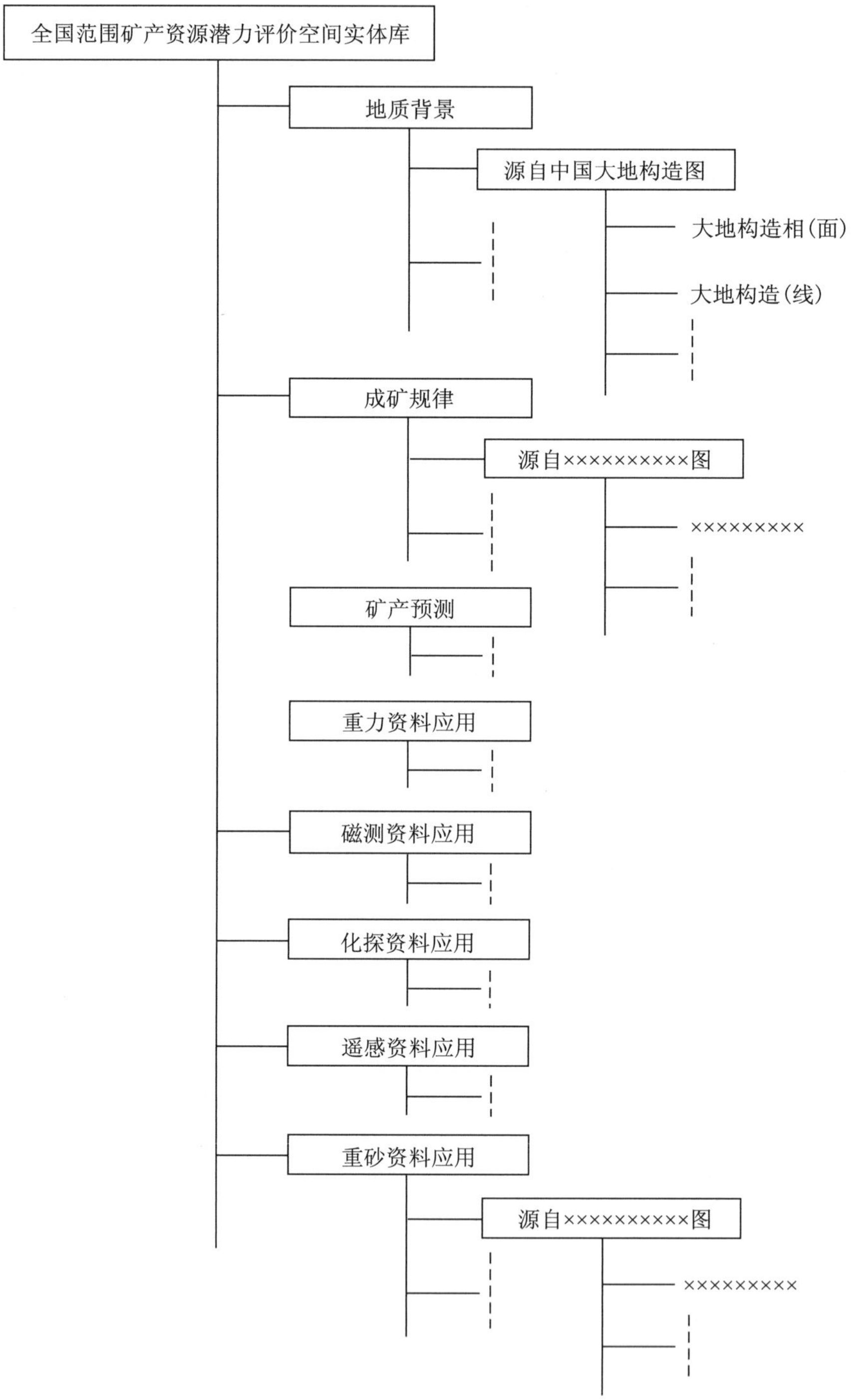

图 4－10　全国范围矿产资源潜力评价空间实体库组织模式

四、全国矿产资源潜力评价成果数据组织模式

全国矿产资源潜力评价成果空间数据库，包含 30 个省（市、区）6 个大区以及全国层次的矿产资源潜力评价成果资料（主要成果图件、遥感影像、空间实体等形式），其组织模式如图 4－11 所示。

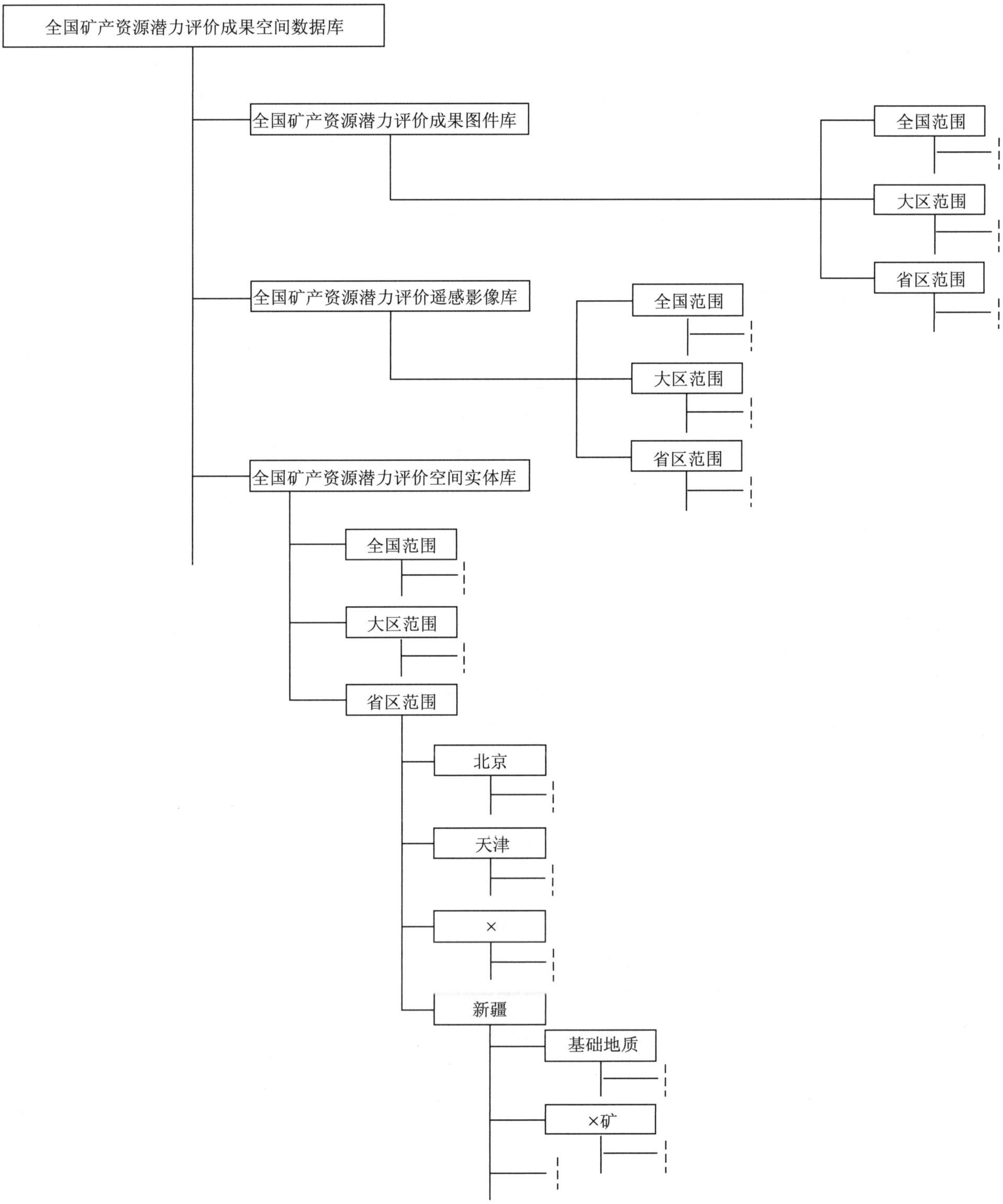

图 4－11　全国矿产资源潜力评价成果数据组织模式

第五章　整理入库成果提交要求

第一节　整理入库成果

一、整理汇总的成果

1）整理汇总的成果图件文件（包括遥感影像图件文件）及相关的编图说明书文件、元数据文件、质量检查卡文件等，分三个层次：省级矿产资源潜力评价资料性成果图件（包括省区、预测工作区、典型矿床研究区的成果图件）、大区范围综合编图成果图件（包括大区范围成矿地质背景研究、成矿规律研究、矿产预测研究、重力资料应用、磁测资料应用、化探资料应用、遥感资料应用、自然重砂资料应用各专题综合编图成果图件和23个矿种（组）的综合编图成果图件）、全国范围综合编图成果图件（包括全国范围成矿地质背景研究、成矿规律研究、矿产预测研究、重力资料应用、磁测资料应用、化探资料应用、遥感资料应用、自然重砂资料应用各专题综合编图成果图件和23个矿种（组）的综合编图成果图件）。

2）整理汇总的空间实体工程文件，分三个层次：省级矿产资源潜力评价资料性空间实体工程文件（依据省级成果图件提取空间实体规定，即表2－1、表2－2提取空间实体规定）、大区范围矿产资源潜力评价综合性空间实体工程文件（依据大区级成果图件提取空间实体规定，即表2－3）、全国范围矿产资源潜力评价综合性空间实体工程文件（依据全国级成果图件提取空间实体规定，即表2－4）。

3）整理汇总的文档报告及表格资料（包括整理到MS Access数据库形式的数据表格成果），分三个层次：省级矿产资源潜力评价文档报告及表格资料（即各专业有填写格式要求的数据表格、卡片、图片等，例如：成矿规律研究资料表格、矿产地一览表格、矿产预测研究结果表格、重力资料应用资料表格……）、大区范围矿产资源潜力评价文档报告及表格资料、全国范围矿产资源潜力评价文档报告及表格资料。

4）整理汇总归类的统一图例方案，分三个层次：省级矿产资源潜力评价编图统一图例方案（30个省的矿产资源潜力评价编图所用图例统计表、30个省的矿产资源潜力评价编图统一图例方案、基于承担整理入库任务所涉及成果图件编图统一图例方案）、大区范围矿产资源潜力评价编图统一图例方案、全国范围矿产资源潜力评价编图统一图例方案。

5）汇总归类的整理入库记录文档集，分三个层次：省级矿产资源潜力评价成果图件整理入库记录文档集（即除了本技术要求规定的质量控制记录文档外，还包括承担整理入库任务单位自行规定的质量控制记录文档）、大区范围矿产资源潜力评价综合成果图件整理入库记录文档集、全国范围矿产资源潜力评价综合成果图件整理入库记录文档集。

二、上载入库的成果

1）完成上载入库的省级矿产资源潜力评价成果。包括省区、预测工作区、典型矿床研究区的成果图件、遥感影像图件、编图说明书、元数据文件、质量检查卡、资料性数据表格、各省级专题研究报告（即地质、矿产、物化遥重砂、综合信息集成专题研究报告）、省级成矿规律研究报告、省级矿种（组）预测评价报告及资源量估算说明报告、省级矿产资源潜力评价成果研究报告、省级矿产资源潜力评价工作报告等成果。

2）完成上载入库的大区范围级矿产资源潜力评价综合研究成果。包括大区范围各专题的综合成果图件、编图说明书、元数据文件、质量检查卡、综合性数据表格、大区范围专题研究报告（即地质、矿产、物化遥重砂、综合信息集成专题研究报告）、大区范围成矿规律研究报告、大区范围矿种（组）预测评价报告及资源量估算说明报告、大区范围矿产资源潜力评价成果研究报告、大区范围矿产资源潜力评价工作报告等成果。

3）完成上载入库的全国范围级矿产资源潜力评价综合研究成果。包括全国范围各专题的综合成果图件、编图说明书、元数据文件、质量检查卡、综合性数据表格、全国范围专题研究报告（即地质、矿产、物化遥重砂、综合信息集成专题研究报告）、全国范围成矿规律研究报告、全国范围矿种（组）预测评价报告及资源量估算说明报告、全国范围矿产资源潜力评价成果研究报告、全国范围矿产资源潜力评价工作报告等成果。

三、整理入库工作报告

1）省级矿产资源潜力评价成果整理入库工作研究报告，包括承担整理入库任务工作总报告、以分省（市、区）为单元的省级矿产资源潜力评价成果整理入库工作分报告。

2）大区范围矿产资源潜力评价综合成果整理入库工作研究报告，包括承担整理入库任务工作总报告、以分大区为单元的大区范围矿产资源潜力评价综合成果整理入库工作分报告。

3）全国范围矿产资源潜力评价综合成果整理入库工作研究报告，包括承担整理入库任务工作总报告，以分专题（即成矿地质背景研究、成矿规律研究、矿产预测研究、重力资料应用、磁测资料应用、化探资料应用、遥感资料应用、自然重砂资料应用等专题）为单元的全国范围矿产资源潜力评价综合成果整理入库工作分报告。

第二节　质量监管规定

1）承担整理入库任务单位，严格按照合同规定、整理入库技术要求和其他相关质量要求，开展整理入库工作，保质保量按时完成整理入库工作。

2）承担整理入库任务单位，严格执行三级（自检、互检、项目质量负责抽检）质量检查制度，保存归档全程质量检查记录文件，发现问题及时整改，保证整理入库成果质量。

3）委托整理入库任务单位，对承担整理入库任务单位的整理入库工作实行全程监管，严格管控关键点，特别是监管整理入库工作的初期、中期、终期的质量运行情况。

第三节　成果验收规定

依照惯例，数据库成果采用三步验收方式。

一、初审验收

承担整理入库任务单位，按照合同规定、整理入库技术要求和其他相关质量要求，自行组织专家进行内部初审验收。承担整理入库任务单位针对初审专家所提问题，进行修改、补充、完善，拟提交终审。

二、终审验收

委托任务单位，按照合同规定、整理入库技术要求和其他相关质量要求，组织专家进行终审验收。成果提交单位针对终审专家所提问题，进行修改、补充、完善，拟提交终审确认。

三、终审确认

委托任务单位，对承担整理入库任务单位提交的成果，依据终审专家所提问题进行逐一确认，核实是否修改、补充、完善，若逐一修改、补充、完善，则验收提交成果并下发终审意见（包括成果质量评述）。否则，返回继续修改，再进入确认流程。

第六章　整理及建库工作报告撰写要求

第一节　省级矿产资源潜力评价成果整理入库工作报告编写提纲

一、整理入库工作成果总报告

【封面格式（使用时请删除）】

地质调查项目成果报告

×专题工作成果总报告

××（单位名称）
××××年××月××日

【扉页格式（使用时请删除）】

×专题工作成果总报告

合同登记编号：××××××
隶属项目编码：××××××××××××××
工作起止年限：××××年—××××年

专题负责人：×××
报告主编人：×××
报告编写人：×××
单位行政负责人：×××
单位技术负责人：×××
提交单位（盖章）：××
实施单位名称：××
隶属项目名称：××
提交时间：××××年××月××日

【专题工作成果总报告正文编写提纲见下文】

内容摘要：

关键词：

第一章　前言

包括专题来源、总体目标、工作任务、组织机构、责任分工与任务实施情况、工作完成情况、实物工作量、经费执行情况等其他内容。

第二章　研究成果综述

综述专题研究取得的主要成果，包括整理入库成果、方法技术成果或其他具体成果。

第三章　研究成果分述

详述专题研究取得的整理入库成果、方法技术成果或其他具体成果

一、整理入库方法技术成果：详述整理入库方法技术成果，包括整理入库实施流程、自行制定相关规程、实施细则、系列质量监控记录、以及为整理入库工作任务而自行开发的软件工具等成果。

二、整理入库的图件成果：首先总述整理入库的成果图件、编图说明书、元数据文件、质量检查卡、遥感影像图、文档资料、数据表格、卡片、图片等，然后，以分省（市、区）为单位，按基础编图（细化为专业编图）、矿种（组）编图（细化为专业编图），描述整理入库的图件种类及数量。

三、整理入库的空间实体成果：详述整理入库的空间实体类别及数量。

四、上载建库的成果：描述已上载建库的图件成果、遥感影像成果、空间实体成果、以及相关编图说明书、元数据文件等。

五、整理汇总统一图例成果：详述统计、整理、归类、汇总、统一图例成果。

第四章　存在问题与质量评述

详述整理入库存在问题与对策分析、整理入库成果质量评述。

第五章　结论

包括整理入库工作成果总结、工作建议及成果应用展望。

附件

附录、附表、附图等。

参考文献

二、整理入库工作成果分报告

【封面格式（使用时请删除）】

附件×

×省（市、区）矿产资源潜力评价成果

整理入库工作成果分报告

××（单位名称）

××××年××月××日

【扉页格式（使用时请删除）】

×省（市、区）矿产资源潜力评价成果
整理入库工作成果分报告

合同登记编号：××××××号
隶属项目编码：××××××××××××××
工作起止年限：××××年－××××年

专题负责人：×××
报告主编人：×××
报告编写人：×××
单位行政负责人：×××
单位技术负责人：×××
提交单位（盖章）：××
实施单位名称：××
隶属项目名称：××
提交时间：××××年××月××日

【专题成果分报告正文编写提纲见下文】

第一章　前言

包括负责×省（市、区）成果数据整理入库工作组织情况、责任分工与任务实施情况、工作完成情况、实物工作量等其他内容。

第二章　基本情况

一、省行政边界范围所跨1：25万标准图幅分布图

二、已预测矿种或矿组表

三、已研究的典型矿床表

四、矿产预测类型表

五、预测工作区表

六、1：25万分幅实际材料图、分幅建造构造图的分布图

七、1：25万分幅遥感矿产地质特征解译图、分幅遥感羟基异常分布图、分幅遥感铁染异常分布图的分布图

八、存在问题说明

第三章　整理入库成果

一、省级基础编图成果

1. 按专业（成矿地质背景、重力资料应用、磁测资料应用、化探资料应用、遥感资料应用、自然重砂资料应用）描述已整理入库的成果图件种类、数量，包括编图说明书、元数据文件、质量检查卡。

2. 按专业（成矿地质背景、重力资料应用、磁测资料应用、化探资料应用、遥感资料应用、自然重砂资料应用）描述已提取入库的空间实体种类、数量。

3. 描述已整理入库的遥感影像成果图件种类、数量，包括编图说明书、元数据文件、质量检查卡。

二、矿种（组）编图成果

1. 按矿种（组）、专业（成矿地质背景、成矿规律及矿产预测、重力资料应用、磁测资料应用、化探资料应用、遥感资料应用、自然重砂资料应用）描述已整理入库的成果图件种类、数量，包括编图说明书、元数据文件、质量检查卡。

2. 按矿种（组）、专业（成矿地质背景、成矿规律及矿产预测、重力资料应用、磁测资料应用、化探资料应用、遥感资料应用、自然重砂资料应用）描述已提取入库的空间实体种类、数量。

3. 按矿种（组）、描述已整理入库的遥感影像成果图件种类、数量，包括编图说明书、元数据文件、质量检查卡。

三、文档报告、数据表格、资料卡片等

按专题、矿种（组），描述已整理入库的文档报告、数据表格、资料卡片等。

四、编图图例归类成果

基于本省（市、区）矿产资源潜力评价编图图例实际统计情况结果，进行汇总、归类、统一的本省（市、区）编图图例成果。

第四章　存在问题与质量评述

详述×省（市、区）整理入库存在问题及对策分析、整理入库成果质量评述。

第五章　结论

包括×省（市、区）整理入库工作成果总结、工作建议。

附件

附录、附表、附图等。

参考文献

第二节　全国及大区范围矿产资源潜力评价成果整理入库工作报告编写提纲

一、整理入库工作成果总报告

【封面格式（使用时请删除）】

地质调查项目成果报告

全国及大区专题工作成果总报告

××（单位名称）

××××年××月××日

【扉页格式（使用时请删除）】

全国及大区专题工作成果总报告

合同登记编号：××××××号
隶属项目编码：××××××××××××××
工作起止年限：××××年—××××年

专题负责人：×××
报告主编人：×××
报告编写人：×××
单位行政负责人：×××
单位技术负责人：×××
提交单位（盖章）：××
实施单位名称：××
隶属项目名称：××
提交时间：××××年××月××日

【专题工作成果总报告正文编写提纲见下文】

内容摘要：

关键词：

第一章　前言

包括专题来源、总体目标、工作任务、组织机构、责任分工与任务实施情况工作完成情况、实物工作量、经费执行情况等其他内容。

第二章　研究成果综述

综述专题研究取得的主要成果，包括整理入库成果、方法技术成果或其他具体成果。

第三章　研究成果分述

详述专题研究取得的整理入库成果、方法技术成果或其他具体成果。

一、整理入库方法技术成果：详述整理入库方法技术成果，包括整理入库实施流程、自行制定相关规程、实施细则、系列质量监控记录等成果。

二、整理入库的图件成果：首先总述整理入库的成果图件、编图说明书、元数据文件、质量检查卡、遥感影像图、文档资料、数据表格、卡片、图片等，然后，以大区为单位，按基础编图（细化为专业编图）、矿种（组）编图（细化为专业编图），描述整理入库的图件种类及数量。

三、整理入库的空间实体成果：详述整理入库的空间实体类别及数量。

四、上载建库的成果：描述已上载建库的图件成果、遥感影像成果、空间实体成果以及相关编图说明书、元数据文件等。

第四章　存在问题与质量评述

详述整理入库存在问题与对策分析、整理入库成果质量评述。

第五章　结论

包括整理入库工作成果总结、工作建议及成果应用展望。

附件

附录、附表、附图等。

参考文献

二、整理入库工作成果分报告

【封面格式（使用时请删除）】

附件×

全国及大区矿产资源潜力评价成果
整理入库工作成果分报告

××（单位名称）
××××年××月××日

【扉页格式（使用时请删除）】

全国及大区矿产资源潜力评价成果
整理入库工作成果分报告

合同登记编号：××××××号
隶属项目编码：×××××××××××××
工作起止年限：××××年—××××年

专题负责人：×××
报告主编人：×××
报告编写人：×××
单位行政负责人：×××
单位技术负责人：×××
提交单位（盖章）：××
实施单位名称：××
隶属项目名称：××
提交时间：××××年××月××日

【专题成果分报告正文编写提纲见下文】

第一章　前言

包括负责全国及大区成果数据整理入库工作组织情况、责任分工与任务实施情况、工作完成情况、实物工作量等其他内容。

第二章　基本情况

一、地质背景图库

二、成矿规律及预测矿种图库

三、重磁资料应用研究图库

四、化探资料应用研究图库

五、遥感资料应用研究图库

六、自然重砂资料应用研究图库

七、存在问题说明

第三章　整理入库成果

一、按大区编图成果

1. 按专业（成矿地质背景、重力资料应用、磁测资料应用、化探资料应用、遥感资料应用、自然重砂资料应用）描述已整理入库的成果图件种类、数量，包括编图说明书、元数据文件、质量检查卡。

2. 按专业（成矿地质背景、重力资料应用、磁测资料应用、化探资料应用、遥感资料应用、自然重砂资料应用）描述已提取入库的空间实体种类、数量。

3. 描述已整理入库的遥感影像成果图件种类、数量，包括编图说明书、元数据文件、质量检查卡。

二、按全国编图成果

1. 按专业（成矿地质背景、重力资料应用、磁测资料应用、化探资料应用、遥感资料应用、自然重砂资料应用）描述已整理入库的成果图件种类、数量，包括编图说明书、元数据文件、质量检查卡。

2. 按专业（成矿地质背景、重力资料应用、磁测资料应用、化探资料应用、遥感资料应用、自然重砂资料应用）描述已提取入库的空间实体种类、数量。

3. 描述已整理入库的遥感影像成果图件种类、数量，包括编图说明书、元数据文件、质量检查卡。

三、文档报告、数据表格、资料卡片等

按专题、矿种（组），描述已整理入库的文档报告、数据表格、资料卡片等。

第四章　存在问题与质量评述

详述全国及大区整理入库存在问题及对策分析、整理入库成果质量评述。

第五章　结论

包括全国及大区整理入库工作成果总结、工作建议。

附件

附录、附表、附图等。

参考文献

结　　语

本书全面、系统地阐述了关于全国矿产资源潜力评价成果数据（省级资料性成果数据、大区综合性成果数据、全国范围综合性成果数据）整理与建库方面技术要求，内容包括全国矿产资源潜力评价成果数据整理与建库的总体任务及目标、工作范围及内容、数据整理要求、数据建库要求、数据入库成果要求、整理与建库工作成果报告编写要求以及相关附表和附件等。特别是关于全国矿产资源潜力评价成果数据三部分整理与入库（省级资料性成果数据整理与入库、大区综合性成果数据整理与入库、全国范围综合性成果数据整理与入库），本书进行了明确、细致的规定，具有很强的可操作性、可跟踪性、可监管性。

按照该整理与建库技术要求，已组织中国地质调查局西安地质调查中心、广东省地质调查院、广东省佛山地质局、四川省地质调查院、安徽省地质调查院、中国地质大学（武汉）、中国煤炭地质总局航测遥感局等单位科研力量，建立了海量、异构、多尺度、多学科的全国矿产资源潜力评价成果空间数据库，涵盖全国30省（市、自治区）的矿产资源潜力评价资料性基础编图和铁铝铜等23个矿种及以上的潜力评价专题编图成果（煤炭、铀矿潜力评价成果数据分别由中国煤炭地质总局、中国核工业地质局单独汇总建库）、6个大区范围（华北、东北、华东、中南、西南、西北）和全国范围8个专题（成矿地质背景研究、成矿规律研究、重力资料应用、磁测资料应用、化探资料应用、遥感资料应用、重砂资料应用、矿产预测研究）矿产资源潜力评价综合编图成果数据库，其中图件总数约11万个、数据量约6TB。该成果空间数据库资源及其管理平台有三方面重要意义：①作为管理平台，用来集成、管理、积累海量的矿产资源潜力评价数据资源，为今后矿产资源潜力评价工作奠定了数据基础；②作为应用平台，用来整合基础数据源和高层应用端、深度开发利用潜力评价海量成果，为矿产资源潜力评价工作常态化奠定了平台基础；③作为大数据时代背景下的矿产资源潜力评价战略基础，系统、规范、持续地积累集成数据资源与应用资源，逐步开拓大数据时代矿产资源潜力评价工作。

参 考 文 献

叶天竺，陈毓川，张洪涛，等．2006．全国矿产资源潜力评价总体实施方案(内部资料)．全国矿产资源潜力评价项目办公室．

左群超，文 辉，等．2012．省级矿产资源潜力评价资料性成果集成建库实施技术指南(内部资料)．全国矿产资源潜力评价项目办公室．

左群超，杨东来，陈郑辉，等．2011．矿产资源潜力评价数据模型丛书:成矿规律研究数据模型．北京:地质出版社．

左群超，杨东来，等．2008．矿产资源潜力评价数据模型丛书:地理信息规定(内部资料)．全国矿产资源潜力评价项目办公室．

左群超，杨东来，等．2008．矿产资源潜力评价数据模型丛书:元数据规定(内部资料)．全国矿产资源潜力评价项目办公室．

左群超，杨东来，等．2008．矿产资源潜力评价数据模型丛书：编图说明书提纲(内部资料)．全国矿产资源潜力评价项目办公室．

左群超，杨东来，等．2008．矿产资源潜力评价数据模型丛书：统一图式规定(内部资料)．全国矿产资源潜力评价项目办公室．

左群超，杨东来，等．2009．矿产资源潜力评价数据模型：统一图例规定分册(内部资料)．全国矿产资源潜力评价项目办公室．

左群超，杨东来，等．2010．全国矿产资源潜力评价资料性成果图件及属性库复核汇总技术方案(内部资料)．全国矿产资源潜力评价项目办公室．

左群超，杨东来，等．2011．矿产资源潜力评价数据模型丛书：通用代码规定．北京：地质出版社．

左群超，杨东来，等．2012．省级矿产资源潜力评价综合信息集成专题汇总技术要求(内部资料)．全国矿产资源潜力评价项目办公室．

左群超，杨东来，冯艳芳，等．2011．矿产资源潜力评价数据模型丛书:成矿地质背景研究数据模型．北京:地质出版社．

左群超，杨东来，冯艳芳，等．2011．矿产资源潜力评价数据模型丛书:数据项下属词规定(上、下册)．北京:地质出版社．

左群超，杨东来，黄旭钊，等．2011．矿产资源潜力评价数据模型丛书:磁测资料应用数据模型．北京:地质出版社．

左群超，杨东来，李景朝，等．2011．矿产资源潜力评价数据模型丛书:自然重砂资料应用数据模型．北京:地质出版社．

左群超，杨东来，宋越，等．2013．中国矿产资源潜力评价成果数据质量控制及方法技术．中国地质，40(4):1314－1328．

左群超，杨东来，吴轩，等．2011．矿产资源潜力评价数据模型丛书:化探资料应用数据模型．北京:地质出版社．

左群超，杨东来，叶天竺．2012．中国矿产资源潜力评价数据模型研制流程及方法技术．中国地质，39(4)：1059－1061．

左群超，杨东来，于学政，等．2011．矿产资源潜力评价数据模型丛书:遥感资料应用数据模型．北京:地质出版社．

左群超，杨东来，张明华，等．2011．矿产资源潜力评价数据模型丛书:重力资料应用数据模型．北京:地质出版社．

左群超，杨东来，赵汀，等．2011．矿产资源潜力评价数据模型丛书:矿产预测研究数据模型．北京:地质出版社．

左群超，杨东来．2008．矿产资源潜力评价数据模型丛书：空间坐标系统及其参数规定(内部资料)．全国矿产资源潜力评价项目办公室．

左群超，杨东来．2010．全国矿产资源潜力评价成果图件空间拓扑技术要求(内部资料)．全国矿产资源潜力评价项目办公室．

左群超，叶亚琴，文辉，等．2013．中国矿产资源潜力评价集成数据库模型．中国地质，40(6)：1968－1981．

中国地质调查局．2006．地质调查技术标准：地质数据质量检查与评价 DD2006－07．

附　　表

附表 1　省级成果基本情况统计表

1. 省行政边界范围所跨 1∶25 万标准图幅分布图（以四川省为例）

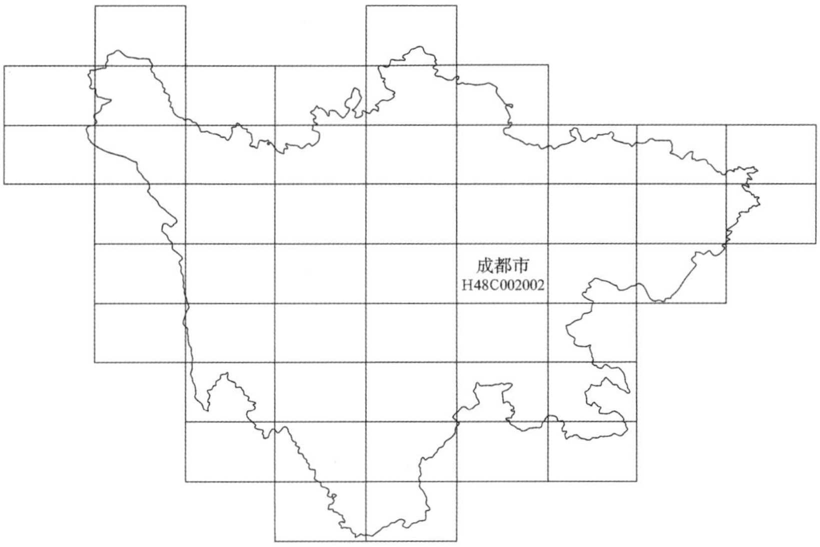

×省（市、区）行政边界范围所跨 1∶25 万标准图幅数：？幅

（注：要求按参照上图补全 1∶25 万标准图幅名及图幅编号标注）

×省（市、区）行政边界范围所跨 1∶25 万标准图幅名及编号

序号	图幅名称	图幅编号
1	例：成都市	H48C002002
…	…	…

注：要求列出该省行政边界范围所跨 1∶25 万标准图幅名及图幅编号。

2. 已预测的矿种或矿组表

序号	预测矿种或矿组	全国项目办规定矿种（组）或省项目办自增矿种（组）	其他描述
1	例：铁	全国项目办规定矿种（组）	按照“煤炭、铀、铁、铝、铜、铅、锌、金、钨、锑、稀土、钾、磷；锡、钼、镍、锰、铬、银、锂、硫、萤石、菱镁矿、硼、重晶石”为全国项目办规定矿种（组）、其他为省项目办自增矿种（组）
…	…	…	
…	…	…	
…	…	…	
…	…	…	
…	…	…	
合计	全国项目办规定矿种（组）个数（？个）、省项目办自增矿种（组）个数（？个）		

注：若省项目办有自增矿种或矿组，则一定要填写。

3. 已研究的典型矿床表

序号	典型矿床	典型矿床矿区代码（6位详细行政区码+4位顺序码）	典型矿床矿区代码（6位省级行政码+4位顺序码）	典型矿床所属的矿种或矿组	典型矿床属于本地区还是或借用其他地区
1	例：芦山大白岩铝土矿	5118260001	5100000001	铝土矿	本地
2	例：乐山新华铝土矿	5111000001	5100000002	铝土矿	本地
3	例：宁南华弹铁矿	5134270001	5100000003	铁矿	本地
4	例：越西碧鸡山铁矿	5134340001	5100000004	铁矿	本地
5	例：攀枝花钒钛磁铁矿	5104000001	5100000005	铁矿	本地
6	例：盐边红格钒钛磁铁矿	5104220001	5100000006	铁矿	本地
7	例：冕宁泸沽铁矿	5134330001	5100000007	铁矿	本地
8	例：南江李子垭式铁矿	5119220001	5100000008	铁矿	本地
9	例：会理石龙铜铁矿	5134250001	5100000009	铁矿	本地
10	例：会东满银沟铁矿	5134260001	5100000010	铁矿	本地
11	例：会理凤山营菱铁矿	5134250002	5100000011	铁矿	本地
…	…	…	…	…	…
合计	典型矿床总个数:?				

注：要求每类矿种或矿组的所有典型矿床，应连续列到一起，如上所示。

4. 矿产预测类型表

序号	预测矿种（组）	矿产预测类型	矿产预测类型代码	预测方法类型	其他
1	例：铝土矿	大白岩式古风化壳沉积型铝土矿	5116101	沉积岩型	
2		乐山新华式铝土矿	5116102		
3	例：铁	华弹式沉积铁矿	5101101	沉积岩型	
4		碧鸡山式沉积铁矿	5101102		
5		攀枝花式岩浆型钒钛磁铁矿	5101201	侵入岩型	
6		泸沽式矽卡岩型铁矿	5101202		
7		南江李子垭式矽卡岩型铁矿	5101203		
8		石龙式变质火山岩型铜铁矿	5101301	变质岩型	
9		满银沟式变质型铁矿	5101302		
10		凤山营式变质型菱铁矿	5101303		
11		矿山梁子式次火山岩型铁矿	5101401	火山岩型	
12	例：铜	大铜厂式砂岩型铜矿	5104101	沉积岩型	
13		西范坪式斑岩型铜矿	5104201	侵入岩型	
14		昌达沟式斑岩型铜矿	5104202		
15		淌塘式沉积变质型铜矿	5104301	变质岩型	
16		拉拉式海相火山岩型铜铁矿	5104401	火山岩型	
17		彭州式海相火山岩型铜矿	5104402		
18		乌坡式陆相火山岩铜矿	5104403		
19		李伍式复合内生型铜矿	5104601	复合内生型	
…		…	…	…	…
合计	矿产预测类型总数:?				

注：要求相同矿种或矿组的、相同预测方法类型的所有矿产预测类型，应连续列到一起，如上所示。

5. 预测工作区表

序号	预测矿种（组）	预测工作区	预测工作区代码	矿产预测类型	其他
1	例：铝土矿	芦山－天全预测工作区	5116101001	大白岩式古风化壳沉积型	
2		广元青川预测工作区	5116101002		
3		乐山预测工作区	5116102001	乐山新华铝土矿	
4		雷波大谷堆预测工作区	5116102002		
5	例：铁	宁南预测工作区	5101101001	华弹式沉积铁矿	
6		越西－甘洛预测工作区	5101102001	碧鸡山式沉积铁矿	
7		江油预测工作区	5101102002		
8		攀枝花－西昌预测工作区	5101201001	攀枝花式岩浆型钒钛磁铁矿	
9		泸沽－喜德－会理预测工作区	5101202001	泸沽式矽卡岩型铁矿	
10		南江－旺苍预测工作区	5101203001	南江李子垭式矽卡岩型铁矿	
11		会理－会东预测工作区	5101301001	石龙式变质火山岩型铜铁矿	
12		宁南－会东预测工作区	5101302001	满银沟式变质型铁矿	
13		会理－会东预测工作区	5101303001	凤山营式变质型菱铁矿	
14		冕宁－盐源预测工作区	5101401001	矿山梁子式次火山岩型铁矿	
…	…	…	…	…	…
合计	预测工作区总数:?				

注：要求相同矿种或矿组的、相同矿产预测类型的所有预测工作区，应连续列到一起，如上所示。

6. 1∶25 万分幅实际材料图、分幅建造构造图的分布图

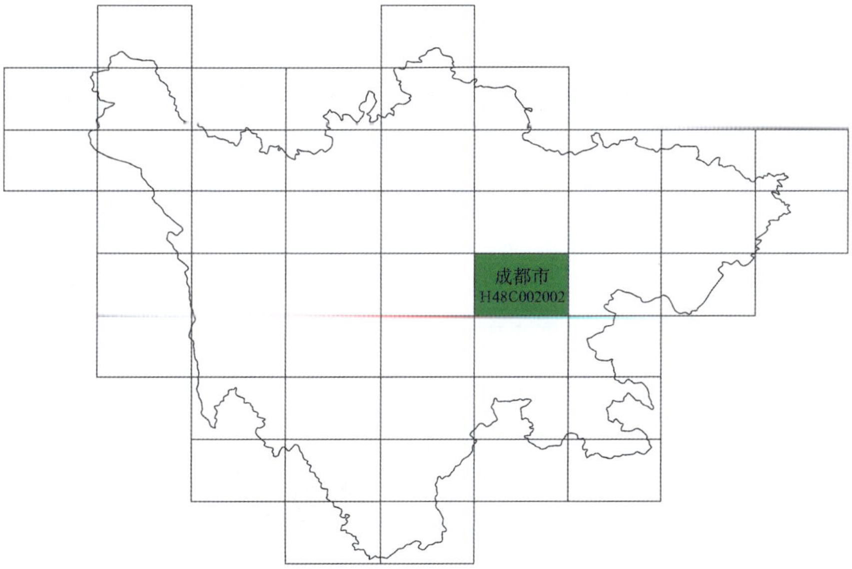

×省（市、区）成矿地质背景课题所编 1∶25 万分幅实际材料图数:? 幅

（注：要求按参照上图补全 1∶25 万分幅实际材料图幅名及图幅编号标注）

×省（市、区）成矿地质背景课题所编 1∶25 万分幅实际材料图图幅名及编号

序号	图幅名称	图幅编号
1	例：成都市	H48C002002
…	…	…

注：要求列出该省成矿地质背景课题所编 1∶25 万分幅实际材料图幅名及图幅编号。

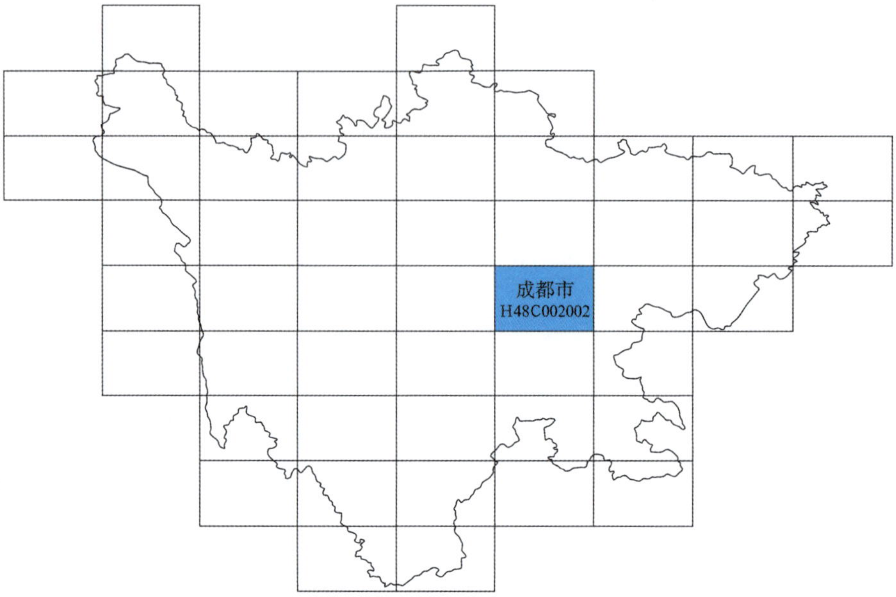

×省（市、区）成矿地质背景课题所编1：25万分幅建造构造图数：？幅
（注：要求按参照上图补全1：25万分幅建造构造图幅名及图幅编号标注）

×省（市、区）成矿地质背景课题所编1：25万分幅建造构造图图幅名及编号

序号	图幅名称	图幅编号
1	例：成都市	H48C002002
…	…	…

注：要求列出该省成矿地质背景课题所编1：25万分幅建造构造图图幅名及图幅编号。

7.1：25万分幅遥感矿产地质特征解译图、分幅遥感羟基异常分布图、分幅遥感铁染异常分布图的分布图

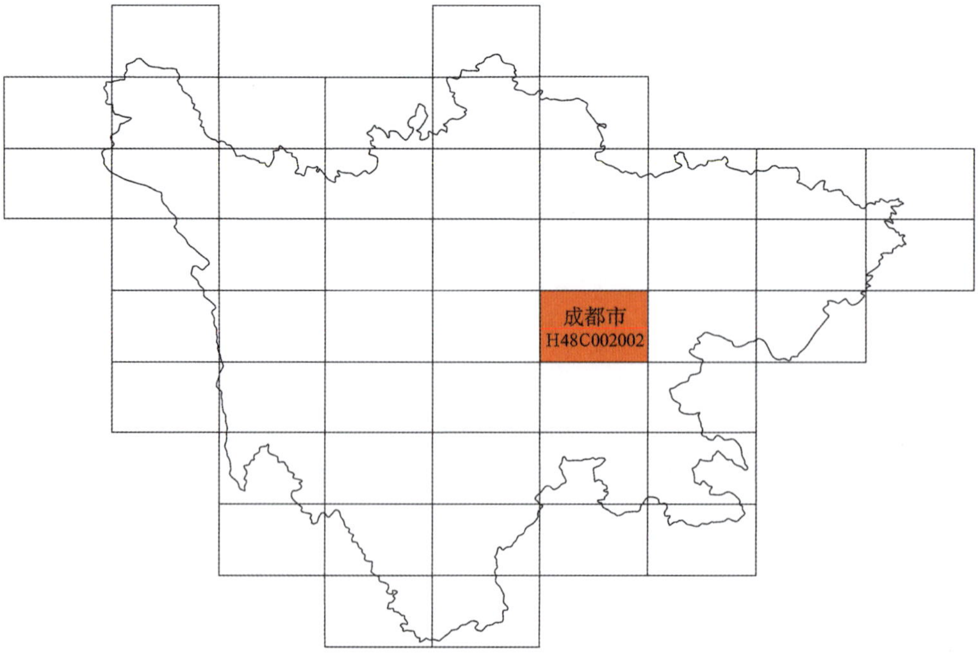

×省（市、区）遥感资料应用课题所编 1∶25 万分幅遥感矿产地质特征解译图、分幅遥感羟基异常分布图、分幅遥感铁染异常分布图图幅名及编号

序号	图幅名称	图幅编号
1	例：成都市	H48C002002
…	…	…

（注：要求列出该省遥感资料应用课题所编 1∶25 万分幅遥感矿产地质特征解译图、分幅遥感羟基异常分布图、分幅遥感铁染异常分布图图幅名及图幅编号）

8. 存在问题说明

（逐条说明）

附表 2　省级基础地质编图图件及属性库统计表

专业	图件或图件及其属性库种类	统计个数（图件数 | 报告数 | 表格数）	存在问题说明（指明缺失具体内容，包括图件、编图说明书、元数据文件、质检卡等的问题）
成矿地质研究	1∶25 万分幅实际材料图及其属性库（编图说明书、元数据文件、质检卡）		
	1∶25 万分幅建造构造图及其属性库（编图说明书、元数据文件、质检卡）		
	×省矿产资源潜力评价成矿地质背景基础编图研究报告		
重力资料应用	省级重力工作程度图及其属性库（编图说明书、元数据文件、质检卡）		
	省级重力推断地质构造图及其属性库（编图说明书、元数据文件、质检卡）		
	省级布格重力异常图及其属性库（编图说明书、元数据文件、质检卡）		
	省级剩余重力异常图及其属性库（编图说明书、元数据文件、质检卡）		
	×省矿产资源潜力评价重力资料应用基础编图研究报告		
磁测资料应用	省级航磁工作程度图及其属性库(编图说明书、元数据文件、质检卡)		
	省级地磁工作程度图及其属性库(编图说明书、元数据文件、质检卡)		
	省级磁法推断地质构造图及其属性库（编图说明书、元数据文件、质检卡）		
	省级磁异常分布图及其属性库（编图说明书、元数据文件、质检卡）		
	省级航磁 ΔT 等值线平面图及其属性库（编图说明书、元数据文件、质检卡）		
	省级航磁 ΔT 化极等值线平面图（编图说明书、元数据文件、质检卡）		
	省级航磁 ΔT 化极垂向一阶导数等值线平面图及其属性库（编图说明书、元数据文件、质检卡）		
	×省矿产资源潜力评价磁测资料应用基础编图研究报告		

续表

专业	图件或图件及其属性库种类	统计个数（图件数|报告数|表格数）	存在问题说明（指明缺失具体内容，包括图件、编图说明书、元数据文件、质检卡等的问题）
化探资料应用	省级地球化学采样点位图及其属性库（编图说明书、元数据文件、质检卡）		
	省级地球化学景观图及其属性库（编图说明书、元数据文件、质检卡）		
	省级地球化学工作程度图及其属性库（编图说明书、元数据文件、质检卡）		
	省级单元素地球化学图及其属性库（编图说明书、元数据文件、质检卡）		
	省级单元素地球化学异常图及其属性库（编图说明书、元数据文件、质检卡）		
	省级地球化学综合异常图及其属性库（编图说明书、元数据文件、质检卡）		
	省级地球化学推断地质构造图及其属性库（编图说明书、元数据文件、质检卡）		
	×省矿产资源潜力评价化探资料应用基础编图研究报告		
遥感资料应用	省级遥感构造解译图及其属性库(编图说明书、元数据文件、质检卡)		
	省级遥感异常组合图及其属性库（编图说明书、元数据文件、质检卡）		
	1∶25万分幅遥感矿产地质特征解译图及其属性库（编图说明书、元数据文件、质检卡）		
	1∶25万分幅遥感羟基异常分布图及其属性库（编图说明书、元数据文件、质检卡）		
	1∶25万分幅遥感铁染异常分布图及其属性库（编图说明书、元数据文件、质检卡）		
	省级遥感影像图（编图说明书、元数据文件）		
	分幅遥感影像图（编图说明书、元数据文件、质检卡）		
	×省矿产资源潜力评价遥感资料应用基础编图研究报告		
自然重砂资料应用	省级自然重砂异常图及其属性库（编图说明书、元数据文件、质检卡）		
	省级自然重砂工作程度图（编图说明书、元数据文件）		
	省级自然重砂采样点位图（编图说明书、元数据文件）		
	×省矿产资源潜力评价自然重砂资料应用基础编图研究报告		
合计	图件总数？（图件及其属性库数？、不建属性库图件数？、遥感影像图件数？）		
数据统计问题小结	1. 2. …		负责人： 年　月　日

附表3 省级×矿种（组）潜力评价成果图件及属性库统计表

<table>
<tr><th>专业</th><th colspan="2">图件或图件及其属性库种类</th><th>统计个数（图件数|报告数|表格数）</th><th>存在问题说明（指明缺失具体内容，包括图件、编图说明书、元数据文件、质检卡等的问题）</th></tr>
<tr><td rowspan="7">成矿地质背景研究</td><td rowspan="7">×矿预测工作区地质构造专题底图及其属性库</td><td>预测工作区构造岩相古地理图及其属性库（编图说明书、元数据文件、质检卡）</td><td></td><td></td></tr>
<tr><td>预测工作区沉积建造构造图及其属性库（编图说明书、元数据文件、质检卡）</td><td></td><td></td></tr>
<tr><td>预测工作区地貌与第四纪地质图及其属性库（编图说明书、元数据文件、质检卡）</td><td></td><td></td></tr>
<tr><td>预测工作区火山岩性岩相构造图及其属性库（编图说明书、元数据文件、质检卡）</td><td></td><td></td></tr>
<tr><td>预测工作区侵入岩浆构造图及其属性库（编图说明书、元数据文件、质检卡）</td><td></td><td></td></tr>
<tr><td>预测工作区变质建造构造图及其属性库（编图说明书、元数据文件、质检卡）</td><td></td><td></td></tr>
<tr><td>预测工作区建造构造图及其属性库（编图说明书、元数据文件、质检卡）</td><td></td><td></td></tr>
<tr><td rowspan="10">成矿规律与矿产预测研究</td><td colspan="2">省级×矿预测类型分布图及其属性库（编图说明书、元数据文件、质检卡）</td><td></td><td></td></tr>
<tr><td colspan="2">×矿典型矿床成矿要素图及其属性库（编图说明书、元数据文件、质检卡）</td><td></td><td></td></tr>
<tr><td colspan="2">×矿预测工作区成矿要素图及其属性库（编图说明书、元数据文件、质检卡）</td><td></td><td></td></tr>
<tr><td colspan="2">省级×矿区域成矿规律图及其属性库（编图说明书、元数据文件、质检卡）</td><td></td><td></td></tr>
<tr><td colspan="2">×矿种Ⅳ、Ⅴ级成矿区带图（编图说明书、元数据文件）</td><td></td><td></td></tr>
<tr><td colspan="2">×矿典型矿床预测要素图及其属性库（编图说明书、元数据文件、质检卡）</td><td></td><td></td></tr>
<tr><td colspan="2">×矿预测工作区预测要素图及其属性库（编图说明书、元数据文件、质检卡）</td><td></td><td></td></tr>
<tr><td colspan="2">×矿预测工作区矿产预测类型预测成果图及其属性库（编图说明书、元数据文件）</td><td></td><td></td></tr>
<tr><td colspan="2">省级×矿种预测成果图及其属性库（编图说明书、元数据文件、质检卡）</td><td></td><td></td></tr>
<tr><td colspan="2">省级×矿种勘查工作部署图及其属性库（编图说明书、元数据文件、质检卡）</td><td></td><td></td></tr>
</table>

<table>
<tr><th>专业</th><th colspan="2">图件或图件及其属性库种类</th><th>统计个数（图件数 | 报告数 | 表格数）</th><th>存在问题说明（指明缺失具体内容，包括图件、编图说明书、元数据文件、质检卡等的问题）</th></tr>
<tr><td rowspan="11">成矿规律与矿产预测研究</td><td colspan="2">省级×矿种未来矿产开发基地预测图及其属性库（编图说明书、元数据文件、质检卡）</td><td></td><td></td></tr>
<tr><td colspan="2">×矿预测工作区预测单元图</td><td></td><td></td></tr>
<tr><td colspan="2">×矿预测工作区最小预测区优选分布图</td><td></td><td></td></tr>
<tr><td colspan="2">省级×矿种矿产预测类型最小预测区分布图</td><td></td><td></td></tr>
<tr><td colspan="2">×矿成矿规律研究用资料数据表44至表79（见《全国矿产资源潜力评价数据模型 成矿规律及预测分册》）</td><td></td><td></td></tr>
<tr><td colspan="2">成矿预测组Excel数据表（预测组修改模型后要求提交的，见《（预测）数据模型修改说明及附表》“典型矿床深部及外围共伴生矿产数据表、矿产预测类型最小预测区共伴生矿产数据表、省级××矿种（组）最小预测区归并成果共伴生矿产数据表”规定）</td><td></td><td></td></tr>
<tr><td colspan="2">×矿成矿规律研究成果报告</td><td></td><td></td></tr>
<tr><td colspan="2">×矿种预测评价研究总结报告</td><td></td><td></td></tr>
<tr><td colspan="2">×矿种预测评价资源量估算说明报告</td><td></td><td></td></tr>
<tr><td colspan="2">×矿所有典型矿床研究区边界图(提交要求按2010年35号文规定)</td><td></td><td></td></tr>
<tr><td colspan="2">×矿所有预测工作区边界图（提交要求按2010年35号文规定）</td><td></td><td></td></tr>
<tr><td rowspan="10">重力资料应用</td><td rowspan="4">×矿典型矿床综合成果图</td><td>典型矿床所在区域地质矿产及物探剖析图（或图册及说明报告）</td><td></td><td></td></tr>
<tr><td>典型矿床所在地区地质矿产及物探剖析图（或图册及说明报告）</td><td></td><td></td></tr>
<tr><td>典型矿床所在位置地质矿产及物探剖析图（或图册及说明报告）</td><td></td><td></td></tr>
<tr><td>典型矿床模式图（或图册及说明报告）</td><td></td><td></td></tr>
<tr><td colspan="2">×矿预测工作区重力工作程度图及其属性库（编图说明书、元数据文件、质检卡）</td><td></td><td></td></tr>
<tr><td colspan="2">×矿预测工作区布格重力异常图及其属性库（编图说明书、元数据文件、质检卡）</td><td></td><td></td></tr>
<tr><td colspan="2">×矿预测工作区剩余重力异常图及其属性库（编图说明书、元数据文件、质检卡）</td><td></td><td></td></tr>
<tr><td colspan="2">×矿预测工作区重力推断地质构造图及其属性库（编图说明书、元数据文件、质检卡）</td><td></td><td></td></tr>
<tr><td colspan="2">×矿预测工作区定量解释剖面图集或图集</td><td></td><td></td></tr>
<tr><td colspan="2">×矿重力资料应用成果总结报告</td><td></td><td></td></tr>
<tr><td rowspan="4">磁测资料应用</td><td rowspan="4">×矿典型矿床综合成果图</td><td>典型矿床所在区域地质矿产及物探剖析图（或图册及说明报告）</td><td></td><td></td></tr>
<tr><td>典型矿床所在地区地质矿产及物探剖析图（或图册及说明报告）</td><td></td><td></td></tr>
<tr><td>典型矿床所在位置地质矿产及物探剖析图（或图册及说明报告）</td><td></td><td></td></tr>
<tr><td>典型矿床模式图（或图册及说明报告）</td><td></td><td></td></tr>
</table>

<table>
<tr><th>专业</th><th colspan="2">图件或图件及其属性库种类</th><th>统计个数（图件数|报告数|表格数）</th><th>存在问题说明（指明缺失具体内容，包括图件、编图说明书、元数据文件、质检卡等的问题）</th></tr>
<tr><td rowspan="12">磁测资料应用</td><td colspan="2">×矿预测工作区航磁 ΔT 等值线平面图及其属性库（编图说明书、元数据文件、质检卡）</td><td></td><td></td></tr>
<tr><td colspan="2">×矿预测工作区航磁 ΔT 化极等值线平面图及其属性库（编图说明书、元数据文件、质检卡）</td><td></td><td></td></tr>
<tr><td colspan="2">×矿预测工作区航磁 ΔT 化极垂向一阶导数等值线平面图及其属性库（编图说明书、元数据文件、质检卡）</td><td></td><td></td></tr>
<tr><td colspan="2">×矿预测工作区地磁等值线平面图及其属性库（编图说明书、元数据文件、质检卡）</td><td></td><td></td></tr>
<tr><td colspan="2">×矿预测工作区地磁化极等值线平面图及其属性库（编图说明书、元数据文件、质检卡）</td><td></td><td></td></tr>
<tr><td colspan="2">×矿预测工作区地磁化极垂向一阶导数等值线平面图及其属性库（编图说明书、元数据文件、质检卡）</td><td></td><td></td></tr>
<tr><td colspan="2">×矿预测工作区磁法推断地质构造图及其属性库（编图说明书、元数据文件、质检卡）</td><td></td><td></td></tr>
<tr><td colspan="2">×矿预测工作区矿产预测类型磁法推断磁性矿产分布图及其属性库（编图说明书、元数据文件、质检卡）</td><td></td><td></td></tr>
<tr><td colspan="2">×矿预测工作区磁异常范围分布图及其属性库（编图说明书、元数据文件、质检卡）</td><td></td><td></td></tr>
<tr><td colspan="2">省级×矿磁法推断磁性矿床分布图及其属性库（编图说明书、元数据文件、质检卡）</td><td></td><td></td></tr>
<tr><td colspan="2">×矿预测工作区定量计算图集</td><td></td><td></td></tr>
<tr><td colspan="2">×矿磁测资料应用成果总结报告</td><td></td><td></td></tr>
<tr><td rowspan="9">化探资料应用</td><td rowspan="2">×矿典型矿床综合成果图</td><td>典型矿床单元素地球化学异常图及其属性库（编图说明书、元数据文件、质检卡）</td><td></td><td></td></tr>
<tr><td>典型矿床所在位置区域化探异常特征图及其属性库（编图说明书、元数据文件、质检卡）</td><td></td><td></td></tr>
<tr><td colspan="2">×矿预测工作区单元素地球化学图及其属性库（编图说明书、元数据文件、质检卡）</td><td></td><td></td></tr>
<tr><td colspan="2">×矿预测工作区单元素地球化学异常图及其属性库（编图说明书、元数据文件、质检卡）</td><td></td><td></td></tr>
<tr><td colspan="2">×矿预测工作区地球化学综合异常图及其属性库（编图说明书、元数据文件、质检卡）</td><td></td><td></td></tr>
<tr><td colspan="2">省级×矿地球化学找矿预测图及其属性库（编图说明书、元数据文件、质检卡）</td><td></td><td></td></tr>
<tr><td colspan="2">找矿预测区圈定的参考图件（包括组合异常图、综合异常图等）</td><td></td><td></td></tr>
<tr><td colspan="2">×矿地球化学定量预测成果图件及相关资料</td><td></td><td></td></tr>
<tr><td colspan="2">×矿化探资料应用成果总结报告</td><td></td><td></td></tr>
</table>

续表

<table>
<tr><th>专业</th><th colspan="2">图件或图件及其属性库种类</th><th>统计个数（图件数|报告数|表格数）</th><th>存在问题说明（指明缺失具体内容，包括图件、编图说明书、元数据文件、质检卡等的问题）</th></tr>
<tr><td rowspan="12">遥感资料应用</td><td rowspan="4">×矿典型矿床综合成果图</td><td>典型矿床遥感矿产地质特征与近矿找矿标志解译图及其属性库（编图说明书、元数据文件、质检卡）</td><td></td><td></td></tr>
<tr><td>典型矿床遥感羟基异常分布图及其属性库（编图说明书、元数据文件、质检卡）</td><td></td><td></td></tr>
<tr><td>典型矿床遥感铁染异常分布图及其属性库（编图说明书、元数据文件、质检卡）</td><td></td><td></td></tr>
<tr><td>典型矿床蚀变矿物遥感异常分布图及其属性库（编图说明书、元数据文件、质检卡）</td><td></td><td></td></tr>
<tr><td colspan="2">×矿预测工作区遥感矿产地质特征与近矿找矿标志解译图及其属性库（编图说明书、元数据文件、质检卡）</td><td></td><td></td></tr>
<tr><td colspan="2">×矿预测工作区遥感羟基异常分布图及其属性库（编图说明书、元数据文件、质检卡）</td><td></td><td></td></tr>
<tr><td colspan="2">×矿预测工作区遥感铁染异常分布图及其属性库（编图说明书、元数据文件、质检卡）</td><td></td><td></td></tr>
<tr><td colspan="2">×矿预测工作区蚀变矿物遥感异常分布图及其属性库（编图说明书、元数据文件、质检卡）</td><td></td><td></td></tr>
<tr><td rowspan="2">遥感影像图</td><td>×矿典型矿床遥感影像图（编图说明书、元数据文件）</td><td></td><td></td></tr>
<tr><td>×矿预测工作区遥感影像图（编图说明书、元数据文件）</td><td></td><td></td></tr>
<tr><td colspan="2">×矿遥感资料应用成果总结报告</td><td></td><td></td></tr>
<tr><td colspan="2"></td><td></td><td></td></tr>
<tr><td rowspan="2">自然重砂资料应用</td><td colspan="2">×矿预测工作区自然重砂异常图及其属性库（编图说明书、元数据文件、质检卡）</td><td></td><td></td></tr>
<tr><td colspan="2">×矿自然重砂资料应用成果总结报告</td><td></td><td></td></tr>
<tr><td>合计</td><td colspan="2">图件总数?（图件及其属性库数?、不建属性库图件数?、遥感影像图件数?）、表格数?、报告数?。</td><td></td><td></td></tr>
<tr><td>数据统计问题小结</td><td colspan="3">1.
2.
…</td><td>负责人：

年 月 日</td></tr>
</table>

附表4　省级基础地质编图遥感影像图统计表

图件种类	序号	图件中文名称（注意：必须采用图面上的图名）	图件目录全路径（注意：使用图件的存储目录全路径表示）	五种格式影像图有无情况（y＝有、n＝无）					编图说明及元数据有无情况（y＝有、n＝无）		存在问题记录
				MPJ	MSI	GeoTiff	Tiff	Gray	DOC	META	
分幅遥感影像图	1	分幅图件1的中文名称	分幅图件1的目录全路径	?	?	?	?	?	?	?	
	…	…	…	?	?	?	?	?	?	?	
	n	分幅图件 *n* 的中文名称	分幅图件 *n* 的目录全路径	?	?	?	?	?	?	?	
省级遥感影像图	1	省级图件的中文名称	省级图件的目录全路径	?	?	?	?	?	?	?	
合计		图件总数?（分幅图件数?、省级图件数?）									
遥感影像图统计问题小结		1. 2. …							负责人： 年　月　日		

附表5　省级×矿种（组）潜力评价成果遥感影像图统计表

图件种类	矿种（组）类别	序号	图件中文名称（注意：必须采用图面上的图名）	图件目录全路径（注意：使用图件的存储目录全路径表示）	五种格式影像图有无情况（y＝有、n＝无）					编图说明及元数据有无情况(y＝有、n＝无)		存在问题记录
					MPJ	MSI	GeoTiff	Tiff	Gray	DOC	META	
典型矿床遥感影像图	X矿种（组）	1	典型矿床图件1的中文名称	典型矿床图件1的目录全路径	?	?	?	?	?	?	?	
		…	…	…	?	?	?	?	?	?	?	
		n	典型矿床图件 *n* 的中文名称	典型矿床图件 *n* 的目录全路径	?	?	?	?	?	?	?	
	…	…	…	…	…	…	…	…	…	…	…	
	Y矿种（组）	1	典型矿床图件1的中文名称	典型矿床图件1的目录全路径	?	?	?	?	?	?	?	
		…	…	…	…	…	…	…	…	…	…	
		n	典型矿床图件 *n* 的中文名称	典型矿床图件 *n* 的目录全路径	?	?	?	?	?	?	?	

续表

图件种类	矿种（组)类别	序号	图件中文名称（注意：必须采用图面上的图名）	图件目录全路径（注意：使用图件的存储目录全路径表示）	五种格式影像图有无情况（y = 有、n = 无）					编图说明及元数据有无情况(y = 有、n = 无)		存在问题记录
					MPJ	MSI	GeoTiff	Tiff	Gray	DOC	META	
预测工作区遥感影像图	X 矿种（组）	1	预测工作区图件 1 的中文名称	预测工作区图件 1 的目录全路径	?	?	?	?	?	?	?	
		…	…	…	…	…	…	…	…	…	…	
		n	预测工作区图件 n 的中文名称	预测工作区图件 n 的目录全路径	?	?	?	?	?	?	?	
	…	…	…	…	…	…	…	…	…	…	…	
预测工作区遥感影像图	Y 矿种（组）	1	预测工作区图件 1 的中文名称	预测工作区图件 1 的目录全路径	?	?	?	?	?	?	?	
		…	…	…	…	…	…	…	…	…	…	
		n	预测工作区图件 n 的中文名称	预测工作区图件 n 的目录全路径	?	?	?	?	?	?	?	
合计			图件总数?（预测工作区图件数?、典型矿床研究区图件数?）									
遥感影像图统计问题小结			1. 2. …							负责人： 年 月 日		

附表6　省级基础地质编图图件及属性库整理情况记录表

专业	图件或图件及其属性库种类	图件或图件及其属性库中文名称（注意：必须采用图面上的图名）	图件或图件及其属性库目录全路径（注意：使用图件投影坐标形式的存储目录全路径表示，其他使用相应文件全路径即可）	数量统计	存在问题整理情况记录（包括图件、编图说明书、元数据文件、质检卡等的问题）
成矿地质背景研究	1∶25万分幅实际材料图及其属性库	图件1的中文名称	图件1的目录全路径		
		…	…		…
		图件n的中文名称	图件n的目录全路径		
	1∶25万分幅建造构造图及其属性库	多个图件时，采用分行列出图件中文名称	多个图件时，采用分行列出图件的目录全路径		
	×省矿产资源潜力评价成矿地质背景基础编图研究报告	报告及其附件扉页中文名称	报告及附件的目录全路径		
重力资料应用	省级重力工作程度图及其属性库	图件1的中文名称	图件1的目录全路径		
	省级重力推断地质构造图及其属性库	图件1的中文名称	图件1的目录全路径		
	省级布格重力异常图及其属性库	图件1的中文名称	图件1的目录全路径		
	省级剩余重力异常图及其属性库	图件1的中文名称	图件1的目录全路径		
	×省矿产资源潜力评价重力资料应用基础编图研究报告	报告及其附件扉页中文名称	报告及附件的目录全路径		
磁测资料应用	省级航磁工作程度图及其属性库	图件1的中文名称	图件1的目录全路径		
	省级地磁工作程度图及其属性库	图件1的中文名称	图件1的目录全路径		
	省级磁法推断地质构造图及其属性库	图件1的中文名称	图件1的目录全路径		
	省级磁异常分布图及其属性库	图件1的中文名称	图件1的目录全路径		
	省级航磁ΔT等值线平面图及其属性库	图件1的中文名称	图件1的目录全路径		
	省级航磁ΔT化极等值线平面图	图件1的中文名称	图件1的目录全路径		
	省级航磁ΔT化极垂向一阶导数等值线平面图及其属性库	图件1的中文名称	图件1的目录全路径		
	×省矿产资源潜力评价磁测资料应用基础编图研究报告	报告及其附件扉页中文名称	报告及附件的目录全路径		

续表

专业	图件或图件及其属性库种类	图件或图件及其属性库中文名称（注意：必须采用图面上的图名）	图件或图件及其属性库目录全路径（注意：使用图件投影坐标形式的存储目录全路径表示，其他使用相应文件全路径即可）	数量统计	存在问题整理情况记录（包括图件、编图说明书、元数据文件、质检卡等的问题）
化探资料应用	省级地球化学采样点位图及其属性库	图件 1 的中文名称	图件 1 的目录全路径		
	省级地球化学景观图及其属性库	图件 1 的中文名称	图件 1 的目录全路径		
	省级地球化学工作程度图及其属性库	图件 1 的中文名称	图件 1 的目录全路径		
	省级单元素地球化学图及其属性库	图件 1 的中文名称	图件 1 的目录全路径		
		…	…		…
		图件 n 的中文名称	图件 n 的目录全路径		
	省级单元素地球化学异常图及其属性库	多个图件时，采用分行列出图件中文名称	多个图件时，采用分行列出图件的目录全路径		
	省级地球化学综合异常图及其属性库	同上	同上		
	省级地球化学推断地质构造图及其属性库	图件 1 的中文名称	图件 1 的目录全路径		
	×省矿产资源潜力评价化探资料应用基础编图研究报告	报告及其附件扉页中文名称	报告及附件的目录全路径		
遥感资料应用	省级遥感构造解译图及其属性库	图件 1 的中文名称	图件 1 的目录全路径		
	省级遥感异常组合图及其属性库	图件 1 的中文名称	图件 1 的目录全路径		
	1∶25 万分幅遥感矿产地质特征解译图及其属性库	图件 1 的中文名称	图件 1 的目录全路径		
		…	…		…
		图件 n 的中文名称	图件 n 的目录全路径		
	1∶25 万分幅遥感羟基异常分布图及其属性库	多个图件时，采用分行列出图件中文名称	多个图件时，采用分行列出图件的目录全路径		
	1∶25 万分幅遥感铁染异常分布图及其属性库	多个图件时，采用分行列出图件中文名称	多个图件时，采用分行列出图件的目录全路径		
	省级遥感影像图	MPJ 图件 1 的中文名称	图件 1 的目录全路径		
		GeoTiff 图件 1 的中文名称	图件 1 的目录全路径		
		Tiff 图件 1 的中文名称	图件 1 的目录全路径		
		MSI 图件 1 的中文名称	图件 1 的目录全路径		
		Gray 图件 1 的中文名称	图件 1 的目录全路径		

续表

专业	图件或图件及其属性库种类	图件或图件及其属性库中文名称（注意：必须采用图面上的图名）		图件或图件及其属性库目录全路径（注意：使用图件投影坐标形式的存储目录全路径表示，其他使用相应文件全路径即可）	数量统计	存在问题整理情况记录（包括图件、编图说明书、元数据文件、质检卡等的问题）
遥感资料应用	分幅遥感影像图	MPJ	图件 1 的中文名称	图件 1 的目录全路径		
			…	…		…
			图件 n 的中文名称	图件 n 的目录全路径		
		MSI	图件 1 的中文名称	图件 1 的目录全路径		
			…	…		…
			图件 n 的中文名称	图件 n 的目录全路径		
		GeoTiff	图件 1 的中文名称	图件 1 的目录全路径		
			…	…		…
			图件 n 的中文名称	图件 n 的目录全路径		
		Tiff	图件 1 的中文名称	图件 1 的目录全路径		
			…	…		…
			图件 n 的中文名称	图件 n 的目录全路径		
		Gray	图件 1 的中文名称	图件 1 的目录全路径		
			…	…		…
			图件 n 的中文名称	图件 n 的目录全路径		
	×省矿产资源潜力评价遥感资料应用基础编图研究报告	报告及其附件扉页中文名称		报告及附件的目录全路径		
自然重砂资料应用	省级自然重砂异常图及其属性库	图件 1 的中文名称		图件 1 的目录全路径		
		…		…		…
		图件 n 的中文名称		图件 n 的目录全路径		
	省级自然重砂工作程度图	图件 1 的中文名称		图件 1 的目录全路径		
	省级自然重砂采样点位图	图件 1 的中文名称		图件 1 的目录全路径		
	×省矿产资源潜力评价自然重砂应用基础编图研究报告	报告及其附件扉页中文名称		报告及附件的目录全路径		
合计	图件总数 ?（图件及其属性库数 ?、不建属性库图件数 ?、遥感影像图件数 ?）、表格数 ?、报告总数 ?					
数据整理问题小结	1. 2. …				负责人： 年 月 日	

附表7 省级×矿种（组）潜力评价成果图件及属性库整理情况记录表

专业	图件或图件及其属性库种类		图件或图件及其属性库中文名称（注意：必须采用图面上的图名）	图件或图件及其属性库目录全路径（注意：使用图件投影坐标形式的存储目录全路径表示，其他使用相应文件全路径即可）	数量统计	存在问题整理情况记录（包括图件、编图说明书、元数据文件、质检卡等的问题）
成矿地质背景研究	×矿预测工作区地质构造专题底图及其属性库	预测工作区构造岩相古地理图及其属性库	图件1的中文名称	图件1的目录全路径		
			…	…		…
			图件 *n* 的中文名称	图件 *n* 的目录全路径		
		预测工作区沉积建造构造图及其属性库	多个图件时，采用分行列出图件中文名称	多个图件时，采用分行列出图件的目录全路径		
		预测工作区地貌与第四纪地质图及其属性库	多个图件时，采用分行列出图件中文名称	多个图件时，采用分行列出图件的目录全路径		
		预测工作区火山岩性岩相构造图及其属性库	多个图件时，采用分行列出图件中文名称	多个图件时，采用分行列出图件的目录全路径		
		预测工作区侵入岩浆构造图及其属性库	多个图件时，采用分行列出图件中文名称	多个图件时，采用分行列出图件的目录全路径		
		预测工作区变质建造构造图及其属性库	多个图件时，采用分行列出图件中文名称	多个图件时，采用分行列出图件的目录全路径		
		预测工作区建造构造图及其属性库	多个图件时，采用分行列出图件中文名称	多个图件时，采用分行列出图件的目录全路径		
成矿规律与矿产预测研究	省级×矿预测类型分布图及其属性库		图件1的中文名称	图件1的目录全路径		
	×矿典型矿床成矿要素图及其属性库		图件1的中文名称	图件1的目录全路径		
			…	…		…
			图件 *n* 的中文名称	图件 *n* 的目录全路径		
	×矿预测工作区成矿要素图及其属性库		多个图件时，采用分行列出图件中文名称	多个图件时，采用分行列出图件的目录全路径		
	省级×矿区域成矿规律图及其属性库		图件1的中文名称	图件1的目录全路径		
	×矿种Ⅳ、Ⅴ级成矿区带图		图件1的中文名称	图件1的目录全路径		
	×矿典型矿床预测要素图及其属性库		图件1的中文名称	图件1的目录全路径		
			…	…		…
			图件 *n* 的中文名称	图件 *n* 的目录全路径		
	×矿预测工作区预测要素图及其属性库		多个图件时，采用分行列出图件中文名称	多个图件时，采用分行列出图件的目录全路径		
	×矿预测工作区矿产预测类型预测成果图及其属性库		多个图件时，采用分行列出图件中文名称	多个图件时，采用分行列出图件的目录全路径		
	省级×矿种预测成果图及其属性库		图件1的中文名称	图件1的目录全路径		
	省级×矿种勘查工作部署图及其属性库		图件1的中文名称	图件1的目录全路径		

续表

专业	图件或图件及其属性库种类	图件或图件及其属性库中文名称（注意：必须采用图面上的图名）	图件或图件及其属性库目录全路径（注意：使用图件投影坐标形式的存储目录全路径表示，其他使用相应文件全路径即可）	数量统计	存在问题整理情况记录（包括图件、编图说明书、元数据文件、质检卡等的问题）
成矿规律与矿产预测研究	省级×矿种未来矿产开发基地预测图及其属性库	图件1的中文名称	图件1的目录全路径		
	×矿预测工作区预测单元图	图件1的中文名称	图件1的目录全路径		
		…	…		…
		图件 n 的中文名称	图件 n 的目录全路径		
	×矿预测工作区最小预测区优选分布图	多个图件时，采用分行列出图件中文名称	多个图件时，采用分行列出图件的目录全路径		
	省级×矿矿产预测类型最小预测区分布图	图件1的中文名称	图件1的目录全路径		
	×矿成矿规律研究用资料数据表44至80（见《全国矿产资源潜力评价数据模型 成矿规律及预测分册》）	分行分表列出，数据表名按《全国矿产资源潜力评价数据模型成矿规律及预测分册》“六、属性数据表定义及填写规定”规定的数据表44至80的中文名称命名	分行分表列出，数据表目录路径		
	成矿预测组 Excel 数据表（预测组修改模型后要求提交的，见《（预测）数据模型修改说明及附表》“典型矿床深部及外围共伴生矿产数据表、矿产预测类型最小预测区共伴生矿产数据表、省级××矿种（组）最小预测区归并成果共伴生矿产数据表”规定）	分行分表列出，数据表名（预测组修改模型后要求提交的，见《（预测）数据模型修改说明及附表》“典型矿床深部及外围共伴生矿产数据表、矿产预测类型最小预测区共伴生矿产数据表、省级××矿种（组）最小预测区归并成果共伴生矿产数据表”规定）	分行分表列出，数据表目录路径		
	×矿成矿规律研究成果报告	报告及其附件扉页中文名称	报告及附件的目录全路径		
	×矿种预测评价研究总结报告	报告及其附件扉页中文名称	报告及附件的目录全路径		
	×矿种预测评价资源量估算说明报告	报告及其附件扉页中文名称	报告及附件的目录全路径		
	×矿所有典型矿床研究区边界图	图件的中文名称	图件的目录全路径		
	×矿所有预测工作区边界图	图件的中文名称	图件的目录全路径		

续表

专业	图件或图件及其属性库种类		图件或图件及其属性库中文名称（注意：必须采用图面上的图名）	图件或图件及其属性库目录全路径（注意：使用图件投影坐标形式的存储目录全路径表示，其他使用相应文件全路径即可）	数量统计	存在问题整理情况记录（包括图件、编图说明书、元数据文件、质检卡等的问题）
重力资料应用	×矿典型矿床综合成果图	典型矿床所在区域地质矿产及物探剖析图	图件或图册中文名称(说明报告中文名称)	图件或图册(说明报告）中文名称目录全路径		
		典型矿床所在地区地质矿产及物探剖析图	图件或图册中文名称(说明报告中文名称)	图件或图册(说明报告）中文名称目录全路径		
		典型矿床所在位置地质矿产及物探剖析图	图件或图册中文名称(说明报告中文名称)	图件或图册(说明报告）中文名称目录全路径		
		典型矿床模式图	图件或图册中文名称(说明报告中文名称)	图件或图册(说明报告）中文名称目录全路径		
	×矿预测工作区重力工作程度图及其属性库		图件 1 的中文名称	图件 1 的目录全路径		
			…	…		…
			图件 n 的中文名称	图件 n 的目录全路径		
	×矿预测工作区布格重力异常图及其属性库		多个图件时，采用分行列出图件中文名称	多个图件时，采用分行列出图件的目录全路径		
	×矿预测工作区剩余重力异常图及其属性库		多个图件时，采用分行列出图件中文名称	多个图件时，采用分行列出图件的目录全路径		
	×矿预测工作区重力推断地质构造图及其属性库		多个图件时，采用分行列出图件中文名称	多个图件时，采用分行列出图件的目录全路径		
	×矿潜力评价重力方法定量解释剖面图集		×矿潜力评价重力方法定量解释剖面图集文件名，使用“×省(市、区） ×矿潜力评价重力方法定量解释剖面图集”模式命名。	存储×矿潜力评价重力方法定量解释剖面图集文件的目录全路径		
	×矿重力资料应用成果总结报告		报告及其附件扉页中文名称	报告及附件的目录全路径		
磁测资料应用	×矿典型矿床综合成果图	典型矿床所在区域地质矿产及物探剖析图	图件或图册中文名称(说明报告中文名称)	图件或图册(说明报告）中文名称目录全路径		
		典型矿床所在地区地质矿产及物探剖析图	图件或图册中文名称(说明报告中文名称)	图件或图册（说明报告）中文名称目录全路径		
		典型矿床所在位置地质矿产及物探剖析图	图件或图册中文名称(说明报告中文名称)	图件或图册（说明报告）中文名称目录全路径		
		典型矿床模式图	图件或图册中文名称(说明报告中文名称)	图件或图册(说明报告)中文名称目录全路径		
	×矿预测工作区航磁 ΔT 等值线平面图及其属性库		图件 1 的中文名称	图件 1 的目录全路径		
			…	…		…
			图件 n 的中文名称	图件 n 的目录全路径		
	×矿预测工作区航磁 ΔT 化极等值线平面图及其属性库		多个图件时，采用分行列出图件中文名称	多个图件时，采用分行列出图件的目录全路径		
	×矿预测工作区航磁 ΔT 化极垂向一阶导数等值线平面图及其属性库		多个图件时，采用分行列出图件中文名称	多个图件时，采用分行列出图件的目录全路径		
	×矿预测工作区地磁等值线平面图及其属性库		多个图件时，采用分行列出图件中文名称	多个图件时，采用分行列出图件的目录全路径		

专业	图件或图件及其属性库种类		图件或图件及其属性库中文名称（注意：必须采用图面上的图名）	图件或图件及其属性库目录全路径（注意：使用图件投影坐标形式的存储目录全路径表示，其他使用相应文件全路径即可）	数量统计	存在问题整理情况记录（包括图件、编图说明书、元数据文件、质检卡等的问题）
磁测资料应用	×矿预测工作区地磁化极等值线平面图及其属性库		多个图件时，采用分行列出图件中文名称	多个图件时，采用分行列出图件的目录全路径		
	×矿预测工作区地磁化极垂向一阶导数等值线平面图及其属性库		多个图件时，采用分行列出图件中文名称	多个图件时，采用分行列出图件的目录全路径		
	×矿预测工作区磁法推断地质构造图及其属性库		多个图件时，采用分行列出图件中文名称	多个图件时，采用分行列出图件的目录全路径		
	×矿预测工作区矿产预测类型磁法推断磁性矿产分布图及其属性库		多个图件时，采用分行列出图件中文名称	多个图件时，采用分行列出图件的目录全路径		
	×矿预测工作区磁异常范围分布图及其属性库		多个图件时，采用分行列出图件中文名称	多个图件时，采用分行列出图件的目录全路径		
	省级×矿磁法推断磁性矿床分布图及其属性库		图件 1 的中文名称	图件 1 的目录全路径		
	×矿潜力评价磁测方法定量计算图册		×矿潜力评价磁测方法定量计算图册文件名，使用“×省（市、区）×矿潜力评价磁测方法定量计算图册”模式命名	存储×矿潜力评价磁测方法定量计算图册文件的目录全路径		
	×矿磁测资料应用成果总结报告		报告及其附件扉页中文名称	报告及附件的目录全路径		
化探资料应用	×矿典型矿床综合成果图	典型矿床单元素地球化学异常图及其属性库	图件 1 的中文名称	图件 1 的目录全路径		
			…	…		…
			图件 n 的中文名称	图件 n 的目录全路径		
		典型矿床所在位置区域化探异常特征图及其属性库	多个图件时，采用分行列出图件中文名称	多个图件时，采用分行列出图件的目录全路径		
	×矿预测工作区单元素地球化学图及其属性库		多个图件时，采用分行列出图件中文名称	多个图件时，采用分行列出图件的目录全路径		
	×矿预测工作区单元素地球化学异常图及其属性库		多个图件时，采用分行列出图件中文名称	多个图件时，采用分行列出图件的目录全路径		
	×矿预测工作区地球化学综合异常图及其属性库		多个图件时，采用分行列出图件中文名称	多个图件时，采用分行列出图件的目录全路径		
	省级×矿地球化学找矿预测图及其属性库		图件 1 的中文名称	图件 1 的目录全路径		
	找矿预测区圈定的参考图件（包括组合异常图、综合异常图等）		图件 1 的中文名称	图件 1 的目录全路径		
			…	…		…
			图件 n 的中文名称	图件 n 的目录全路径		
	×矿地球化学定量预测成果图件及相关资料		多个图件时，采用分行列出图件中文名称	多个图件时，采用分行列出图件的目录全路径		
	×矿化探资料应用成果总结报告		报告及其附件扉页中文名称	报告及附件的目录全路径		

续表

专业	图件或图件及其属性库种类			图件或图件及其属性库中文名称（注意：必须采用图面上的图名）	图件或图件及其属性库目录全路径（注意：使用图件投影坐标形式的存储目录全路径表示，其他使用相应文件全路径即可）	数量统计	存在问题整理情况记录（包括图件、编图说明书、元数据文件、质检卡等的问题）
遥感资料应用	×矿典型矿床综合成果图	典型矿床遥感矿产地质特征与近矿找矿标志解译图及其属性库		图件 1 的中文名称	图件 1 的目录全路径		
				…	…		…
				图件 n 的中文名称	图件 n 的目录全路径		
		典型矿床遥感羟基异常分布图及其属性库		多个图件时，采用分行列出图件中文名称	多个图件时，采用分行列出图件的目录全路径		
		典型矿床遥感铁染异常分布图及其属性库		多个图件时，采用分行列出图件中文名称	多个图件时，采用分行列出图件的目录全路径		
		典型矿床蚀变矿物遥感异常分布图及其属性库		多个图件时，采用分行列出图件中文名称	多个图件时，采用分行列出图件的目录全路径		
	×矿预测工作区遥感矿产地质特征与近矿找矿标志解译图及其属性库			多个图件时，采用分行列出图件中文名称	多个图件时，采用分行列出图件的目录全路径		
	×矿预测工作区遥感羟基异常分布图及其属性库			多个图件时，采用分行列出图件中文名称	多个图件时，采用分行列出图件的目录全路径		
	×矿预测工作区遥感铁染异常分布图及其属性库			多个图件时，采用分行列出图件中文名称	多个图件时，采用分行列出图件的目录全路径		
	×矿预测工作区蚀变矿物遥感异常分布图及其属性库			多个图件时，采用分行列出图件中文名称	多个图件时，采用分行列出图件的目录全路径		
	典型矿床或预测工作区遥感影像图	×矿典型矿床遥感影像图	MPJ	图件 1 的中文名称	图件 1 的目录全路径		
				…	…	…	
				图件 n 的中文名称	图件 n 的目录全路径		
			GeoTiff	图件 1 的中文名称	图件 1 的目录全路径		
				…	…		…
				图件 n 的中文名称	图件 n 的目录全路径		
			Tiff	图件 1 的中文名称	图件 1 的目录全路径		
				…	…		…
				图件 n 的中文名称	图件 n 的目录全路径		
			MSI	图件 1 的中文名称	图件 1 的目录全路径		
				…	…		…
				图件 n 的中文名称	图件 n 的目录全路径		
			Gray	图件 1 的中文名称	图件 1 的目录全路径		
				…	…		…
				图件 n 的中文名称	图件 n 的目录全路径		

续表

<table>
<tr><th>专业</th><th colspan="2">图件或图件及其属性库种类</th><th colspan="2">图件或图件及其属性库中文名称（注意：必须采用图面上的图名）</th><th>图件或图件及其属性库目录全路径（注意：使用图件投影坐标形式的存储目录全路径表示，其他使用相应文件全路径即可）</th><th>数量统计</th><th>存在问题整理情况记录（包括图件、编图说明书、元数据文件、质检卡等的问题）</th></tr>
<tr><td rowspan="16">遥感资料应用</td><td rowspan="15">典型矿床或预测工作区遥感影像图</td><td rowspan="15">×矿典型矿床遥感影像图</td><td rowspan="3">MPJ</td><td>图件1的中文名称</td><td>图件1的目录全路径</td><td></td><td></td></tr>
<tr><td>…</td><td>…</td><td></td><td>…</td></tr>
<tr><td>图件 n 的中文名称</td><td>图件 n 的目录全路径</td><td></td><td></td></tr>
<tr><td rowspan="3">GeoTiff</td><td>图件1的中文名称</td><td>图件1的目录全路径</td><td></td><td></td></tr>
<tr><td>…</td><td>…</td><td></td><td>…</td></tr>
<tr><td>图件 n 的中文名称</td><td>图件 n 的目录全路径</td><td></td><td></td></tr>
<tr><td rowspan="3">Tiff</td><td>图件1的中文名称</td><td>图件1的目录全路径</td><td></td><td></td></tr>
<tr><td>…</td><td>…</td><td></td><td>…</td></tr>
<tr><td>图件 n 的中文名称</td><td>图件 n 的目录全路径</td><td></td><td></td></tr>
<tr><td rowspan="3">MSI</td><td>图件1的中文名称</td><td>图件1的目录全路径</td><td></td><td></td></tr>
<tr><td>…</td><td>…</td><td></td><td>…</td></tr>
<tr><td>图件 n 的中文名称</td><td>图件 n 的目录全路径</td><td></td><td></td></tr>
<tr><td rowspan="3">Gray</td><td>图件1的中文名称</td><td>图件1的目录全路径</td><td></td><td></td></tr>
<tr><td>…</td><td>…</td><td></td><td>…</td></tr>
<tr><td>图件 n 的中文名称</td><td>图件 n 的目录全路径</td><td></td><td></td></tr>
<tr><td colspan="2">×省矿产资源潜力评价遥感资料应用基础编图研究报告</td><td colspan="2">报告及其附件扉页中文名称</td><td>报告及附件的目录全路径</td><td></td><td></td></tr>
<tr><td rowspan="4">自然重砂资料应用</td><td colspan="2" rowspan="3">×矿预测工作区自然重砂异常图及其属性库</td><td colspan="2">图件1的中文名称</td><td>图件1的目录全路径</td><td rowspan="3"></td><td></td></tr>
<tr><td colspan="2">…</td><td>…</td><td></td></tr>
<tr><td colspan="2">图件 n 的中文名称</td><td>图件 n 的目录全路径</td><td></td></tr>
<tr><td colspan="2">×矿自然重砂资料应用成果总结报告</td><td colspan="2">报告及其附件扉页中文名称</td><td>报告及附件的目录全路径</td><td></td><td></td></tr>
<tr><td>合计</td><td colspan="7">图件总数？（图件及其属性库数?、不建属性库图件数?、遥感影像图件数？、表格数?）、报告总数?</td></tr>
<tr><td>数据整理问题小结</td><td colspan="5">1.
2.
…</td><td colspan="2">负责人：
年 月 日</td></tr>
</table>

附表 8　省级基础地质编图遥感影像图（GeoTiff）整理情况记录表

<table>
<tr><th rowspan="2">图件种类</th><th rowspan="2">序号</th><th rowspan="2">图件中文名称（注意：必须采用图面上的图名）</th><th rowspan="2">图件目录全路径（注意：使用图件的存储目录全路径表示）</th><th colspan="5">影像参数图信息</th><th rowspan="2">存在问题整理情况记录（包括图件名称、编图说明书、元数据文件等问题）</th></tr>
<tr><th>X（L）（影像左上角横直角坐标或经度）</th><th>Y（B）（影像左上角纵直角坐标或纬度）</th><th>Row（影像行数）</th><th>Col（影像列数）</th><th>Pixel（影像分辨率）</th></tr>
<tr><td rowspan="3">分幅遥感影像图</td><td>1</td><td>分幅图件 1 的中文名称</td><td>分幅图件 1 的目录全路径</td><td>?</td><td>?</td><td>?</td><td>?</td><td>?</td><td></td></tr>
<tr><td>…</td><td>…</td><td>…</td><td>…</td><td>…</td><td>…</td><td>…</td><td>…</td><td></td></tr>
<tr><td>n</td><td>分幅图件 n 的中文名称</td><td>分幅图件 n 的目录全路径</td><td>?</td><td>?</td><td>?</td><td>?</td><td>?</td><td></td></tr>
<tr><td>省级遥感影像图</td><td>1</td><td>省级图件的中文名称</td><td>省级图件的目录全路径</td><td>?</td><td>?</td><td>?</td><td>?</td><td>?</td><td></td></tr>
<tr><td colspan="2">合计</td><td colspan="8">图件总数?（分幅图件数?、省级图件数?）</td></tr>
<tr><td colspan="2">遥感影像图整理问题小结</td><td colspan="7">1.
2.
…</td><td>负责人：
年　月　日</td></tr>
</table>

附表 9　省级×矿种（组）潜力评价成果遥感影像图（GeoTiff）整理情况记录表

<table>
<tr><th rowspan="2">图件种类</th><th rowspan="2">矿种（组）类别</th><th rowspan="2">序号</th><th rowspan="2">图件中文名称（注意：必须采用图面上的图名）</th><th rowspan="2">图件目录全路径（注意：使用图件的存储目录全路径表示）</th><th colspan="5">影像图参数信息</th><th rowspan="2">存在问题整理情况记录（包括图件名称、编图说明书、元数据文件等的问题）</th></tr>
<tr><th>X(L)（影像左上角横直角坐标或经度）</th><th>Y(B)（影像左上角纵直角坐标或纬度）</th><th>Row（影像行数）</th><th>Col（影像列数）</th><th>Pixel（影像分辨率）</th></tr>
<tr><td rowspan="4">典型矿床遥感影像图</td><td rowspan="3">X 矿种（组）</td><td>1</td><td>典型矿床图件 1 的中文名称</td><td>典型矿床图件 1 的目录全路径</td><td>?</td><td>?</td><td>?</td><td>?</td><td>?</td><td></td></tr>
<tr><td>…</td><td>…</td><td>…</td><td>…</td><td>…</td><td>…</td><td>…</td><td>…</td><td></td></tr>
<tr><td>n</td><td>典型矿床图件 n 的中文名称</td><td>典型矿床图件 n 的目录全路径</td><td>?</td><td>?</td><td>?</td><td>?</td><td>?</td><td></td></tr>
<tr><td>…</td><td>…</td><td>…</td><td>…</td><td>…</td><td>…</td><td>…</td><td>…</td><td>…</td><td></td></tr>
</table>

续表

图件种类	矿种（组）类别	序号	图件中文名称（注意：必须采用图面上的图名）	图件目录全路径（注意：使用图件的存储目录全路径表示）	影像图参数信息					存在问题整理情况记录（包括图件名称、编图说明书、元数据文件等的问题）
					X(L)（影像左上角横直角坐标或经度）	Y(B)（影像左上角纵直角坐标或纬度）	Row（影像行数）	Col（影像列数）	Pixel（影像分辨率）	
典型矿床遥感影像图	Y矿种（组）	1	典型矿床图件1的中文名称	典型矿床图件1的目录全路径	?	?	?	?	?	
		…	…	…	…	…	…	…	…	
		n	典型矿床图件 n 的中文名称	典型矿床图件 n 的目录全路径	?	?	?	?	?	
预测工作区遥感影像图	X矿种（组）	1	预测工作区图件1的中文名称	预测工作区图件1的目录全路径	?	?	?	?	?	
		…	…	…	…	…	…	…	…	
		n	预测工作区图件 n 的中文名称	预测工作区图件 n 的目录全路径	?	?	?	?	?	
	…	…	…	…	…	…	…	…	…	
	Y矿种（组）	1	预测工作区图件1的中文名称	预测工作区图件1的目录全路径	?	?	?	?	?	
		…	…	…	…	…	…	…	…	
		n	预测工作区图件 n 的中文名称	预测工作区图件 n 的目录全路径	?	?	?	?	?	
合计		图件总数?（典型矿床图件数?、预测工作区图件数?）								
遥感影像图统计问题小结		1. 2. …								负责人： 年　月　日

附表 10 省级基础地质编图遥感影像图（MSI）整理情况记录表

图件种类	序号	图件中文名称（注意：必须采用图面上的图名）	图件目录全路径（注意：使用图件的存储目录全路径表示）	影像图参数																						存在问题整理情况记录
				波段数	影像行数	影像列数	像元类型	左上角 X	左上角 Y	左下角 X	左下角 Y	右上角 X	右上角 Y	右下角 X	右下角 Y	分辨率 X	分辨率 Y	坐标类型	椭球参数	投影类型	坐标单位	比例尺	投影带类型	投影带序号	投影带中央经线	
分幅遥感影像图	1	分幅图件 1 的中文名称	分幅图件 1 的目录全路径	?	?	?	?	?	?	?	?	?	?	?	?	?	?	?	?	?	?	?	?	?	?	
	…	…	…	…	…	…	…	…	…	…	…	…	…	…	…	…	…	…	…	…	…	…	…	…	…	
	n	分幅图件 n 的中文名称	分幅图件 n 的目录全路径	?	?	?	?	?	?	?	?	?	?	?	?	?	?	?	?	?	?	?	?	?	?	
省级遥感影像图	1	省级图件的中文名称	省级图件的目录全路径	?	?	?	?	?	?	?	?	?	?	?	?	?	?	?	?	?	?	?	?	?	?	
合计		图件总数 ?（分幅图件数 ?、省级图件数 ?）																								
遥感影像图整理问题小结		1. 2. …																				负责人： 年 月 日				

附表 11　省级×矿种（组）潜力评价成果遥感影像图（MSI）整理情况记录表

图件种类	序号	图件中文名称（注意：必须采用图面上的图名）	图件目录全路径（注意：使用图件的存储目录全路径表示）	影像图参数																						存在问题整理情况记录
				波段数	影像行数	影像列数	像元类型	左上角 X	左上角 Y	左下角 X	左下角 Y	右上角 X	右上角 Y	右下角 X	右下角 Y	分辨率 X	分辨率 Y	坐标类型	椭球参数	投影类型	坐标单位	比例尺	投影带类型	投影带序号	投影带中央经线	
典型矿床遥感影像图	1	典型矿床图件 1 的中文名称	典型矿床图件 1 的目录全路径	?	?	?	?	?	?	?	?	?	?	?	?	?	?	?	?	?	?	?	?	?	?	
	…	…	…	…	…	…	…	…	…	…	…	…	…	…	…	…	…	…	…	…	…	…	…	…	…	
	n	典型矿床图件 n 的中文名称	典型矿床图件 n 的目录全路径	?	?	?	?	?	?	?	?	?	?	?	?	?	?	?	?	?	?	?	?	?	?	
预测工作区遥感影像图	1	预测工作区图件 1 的中文名称	预测工作区图件 1 的目录全路径	?	?	?	?	?	?	?	?	?	?	?	?	?	?	?	?	?	?	?	?	?	?	
	…	…	…	…	…	…	…	…	…	…	…	…	…	…	…	…	…	…	…	…	…	…	…	…	…	
	n	预测工作区图件 n 的中文名称	预测工作区图件 n 的目录全路径	?	?	?	?	?	?	?	?	?	?	?	?	?	?	?	?	?	?	?	?	?	?	
合计	图件总数？（典型矿床图件数？、预测工作区图件数？）																									
遥感影像图统计问题小结	1. 2. …																						负责人： 年　月　日			

附表 12　省级基础地质编图图件及属性库空间实体提取整理情况记录表

专业	图件种类	图件中文名称（注意：必须采用图面上的图名）	图件目录全路径（注意：使用图件投影坐标形式的存储目录全路径表示）	比例尺	已提取的空间实体	存在问题整理情况记录
成矿地质背景研究	1∶25 万分幅实际材料图	图件 1 的中文名称	图件 1 的目录全路径	1∶25 万	岩性（面）	
					地质界线（线）	
					断裂（线）	
					韧性剪切带（面）	
					褶皱（线）	
					蚀变带（面）	
					化石采样点（点）	
					同位素年龄（点）	
					岩石化学样品采样点（点）	
					地球化学样品采样点（点）	
					同位素样品采样点（点）	
					地质路线（线）	
					地质点（点）	
					地质剖面位置（线）	
					钻孔（点）	
					产状要素（点）	
		…	…	…	…	…
		图件 n 的中文名称	图件 n 的目录全路径	1∶25 万	…	…
	1∶25 万分幅建造构造图	图件 1 的中文名称	图件 1 的目录全路径	1∶25 万	沉积岩建造（面）	
					火山岩性岩相（面）	
					火山构造（面）	
					侵入岩（面）	
					构造岩浆带（面）	
					变质岩建造（面）	

续表

专业	图件种类	图件中文名称（注意：必须采用图面上的图名）	图件目录全路径（注意：使用图件投影坐标形式的存储目录全路径表示）	比例尺	已提取的空间实体	存在问题整理情况记录
成矿地质背景研究	1：25 万分幅建造构造图	图件 1 的中文名称	图件 1 的目录全路径	1：25 万	大型变形构造（面）	
					地质界线（线）	
					断裂（线）	
					韧性剪切带（面）	
					褶皱（线）	
					同位素年龄（点）	
					产状要素（点）	
		…	…	…	…	…
		图件 n 的中文名称	图件 n 的目录全路径	1：25 万	…	…
	省级大地构造相图	图件的中文名称	图件的目录全路径	1：50 万	大地构造相单元（面）	
					大地构造相单元界线（线）	
					特殊地质体（面）	
					重要同位素年龄（点）	
					断裂（线）	
					沉积岩岩石构造组合（面）	
					火山岩岩石构造组合（面）	
					侵入岩岩石构造组合（面）	
					变质岩岩石构造组合（面）	
					岩石构造组合边界（线）	
					大型变形构造（面）	
成矿规律研究	省级区域成矿规律图	图件的中文名称	图件的目录全路径	1：50 万	成矿区带（面）	
					成矿区带界线（线）	
					矿产地特征（点）	
					找矿标志（点）	
					矿化蚀变标志（点）	
					矿化蚀变标志（线）	
					成矿时代（点）	

续表

专业	图件种类	图件中文名称（注意：必须采用图面上的图名）	图件目录全路径（注意：使用图件投影坐标形式的存储目录全路径表示）	比例尺	已提取的空间实体	存在问题整理情况记录
重力资料应用	省级重力工作程度图	图件的中文名称	图件的目录全路径	1∶50 万	重力工作程度（面）	
					重力工作程度（线）	
	省级重力推断地质构造图	图件的中文名称	图件的目录全路径	1∶50 万	重力推断断裂构造（线）	
					重力推断构造单元（线）	
					重力推断地层（面）	
					重力推断构造岩浆岩带(面)	
					重力推断岩体（面）	
					重力推断盆地（面）	
					重力推断推覆构造（面）	
					重力推断火山机构（线）	
	省级布格重力异常图	图件的中文名称	图件的目录全路径	1∶50 万	布格异常符号（点）	
					布格异常面（面）	
					布格异常线（线）	
	省级剩余重力异常图	图件的中文名称	图件的目录全路径	1∶50 万	剩余异常编号（点）	
					剩余异常面（面）	
					剩余异常线（线）	
磁测资料应用	省级航磁工作程度图	图件的中文名称	图件的目录全路径	1∶50 万	航磁工作程度范围（面）	
					航磁工作程度范围（线）	
	省级地磁工作程度图	图件的中文名称	图件的目录全路径	1∶50 万	地磁工作程度范围（面）	
					地磁工作程度范围（线）	
	省级磁法推断地质构造图	图件的中文名称	图件的目录全路径	1∶50 万	磁法推断断裂构造（线）	
					磁法推断火山构造（线）	
					磁法推断侵入岩体（面）	
					磁法推断火山岩地层（面）	
					磁法推断变质岩地层（面）	
					磁法推断磁性蚀变带（面）	

续表

专业	图件种类	图件中文名称（注意：必须采用图面上的图名）	图件目录全路径（注意：使用图件投影坐标形式的存储目录全路径表示）	比例尺	已提取的空间实体	存在问题整理情况记录
磁测资料应用	省级磁异常分布图	图件的中文名称	图件的目录全路径	1∶50 万	磁异常中心点（点）	
	省级航磁 ΔT 等值线平面图	图件的中文名称	图件的目录全路径	1∶50 万	航磁 ΔT 等值线区（面）	
					航磁 ΔT 等值线（线）	
	省级航磁 ΔT 化极等值线平面图	图件的中文名称	图件的目录全路径	1∶50 万	航磁 ΔT 化极等值线区（面）	
					航磁 ΔT 化极等值线（线）	
	省级航磁 ΔT 化极垂向一阶导数等值线平面图	图件的中文名称	图件的目录全路径	1∶50 万	航磁 ΔT 化极垂向一阶导数等值线区（面）	
					航磁 ΔT 化极垂向一阶导数等值线（线）	
化探资料应用	省级地球化学采样点位图	图件的中文名称	图件的目录全路径	1∶50 万	地球化学采样点位（点）	
	省级地球化学景观图	图件的中文名称	图件的目录全路径	1∶50 万	地球化学景观区（面）	
					地球化学景观区（线）	
	省级地球化学工作程度图	图件的中文名称	图件的目录全路径	1∶50 万	地球化学工作程度（面）	
					地球化学工作程度（线）	
	省级单元素地球化学图	图件 1 的中文名称	图件 1 的目录全路径	1∶50 万	1 元素含量分布等值线（线）	
					1 元素含量分布等值区（面）	
		…	…	…	…	
		图件 n 的中文名称	图件 n 的目录全路径	1∶50 万	n 元素含量分布等值线（线）	
					n 元素含量分布等值区（面）	
	省级单元素地球化学异常图	图件 1 的中文名称	图件 1 的目录全路径	1∶50 万	1 元素地球化学异常范围（面）	
					1 元素地球化学异常范围（线）	
		…	…	…	…	
		图件 n 的中文名称	图件 n 的目录全路径	1∶50 万	n 元素地球化学异常范围（面）	
					n 元素地球化学异常范围（线）	
	省级地球化学综合异常图	图件 1 的中文名称	图件 1 的目录全路径	1∶50 万	主成矿元素异常范围（面）	
					主成矿元素异常范围（线）	
					主要伴生、共生元素异常下限（线）	
		…	…	…	…	
		图件 n 的中文名称	图件 n 的目录全路径	1∶50 万	主成矿元素异常范围（面）	
					主成矿元素异常范围（线）	
					主要伴生、共生元素异常下限（线）	

续表

专业	图件种类	图件中文名称（注意：必须采用图面上的图名）	图件目录全路径（注意：使用图件投影坐标形式的存储目录全路径表示）	比例尺	已提取的空间实体	存在问题整理情况记录
化探资料应用	省级地球化学推断地质构造图	图件的中文名称	图件的目录全路径	1：50 万	地球化学推断构造（线）	
					地球化学推断岩体（面）	
					地球化学推断找矿远景区（面）	
遥感资料应用	省级遥感工作程度图	图件的中文名称	图件的目录全路径	1：50 万	遥感工作程度范围（面）	
					遥感工作程度范围（线）	
	省级遥感构造解译图	图件的中文名称	图件的目录全路径	1：50 万	遥感断层要素（线）	
					遥感脆韧性变形构造带要素（线）	
					遥感逆冲推覆滑脱构造要素（线）	
					遥感环状要素（线）	
	省级遥感异常组合图	图件的中文名称	图件的目录全路径	1：50 万	遥感异常组合要素（面）	
					遥感异常组合要素（线）	
	1：25 万分幅遥感矿产地质特征解译图	图件 1 的中文名称	图件 1 的目录全路径	1：25 万	遥感断层要素（线）	
					遥感脆韧性变形构造带要素（线）	
					遥感逆冲推覆滑脱构造要素（线）	
					遥感环状要素（线）	
					遥感块状要素（线）	
					遥感色要素（面）	
					遥感带状要素（面）	
		…	…	…	…	
		图件 n 的中文名称	图件 n 的目录全路径	1：25 万	遥感断层要素（线）	
					遥感脆韧性变形构造带要素（线）	
					遥感逆冲推覆滑脱构造要素（线）	
					遥感环状要素（线）	
					遥感块状要素（线）	
					遥感色要素（面）	
					遥感带状要素（面）	

续表

专业	图件种类	图件中文名称（注意：必须采用图面上的图名）	图件目录全路径（注意：使用图件投影坐标形式的存储目录全路径表示）	比例尺	已提取的空间实体	存在问题整理情况记录
遥感资料应用	1∶25 万分幅遥感羟基异常分布图	图件 1 的中文名称	图件 1 的目录全路径	1∶25 万	遥感羟基异常要素（面） 遥感羟基异常要素（线）	
		…	…	…	…	
		图件 n 的中文名称	图件 n 的目录全路径	1∶25 万	遥感羟基异常要素（面） 遥感羟基异常要素（线）	
	1∶25 万分幅遥感铁染异常分布图	图件 1 的中文名称	图件 1 的目录全路径	1∶25 万	遥感铁染异常要素（面） 遥感铁染异常要素（线）	
		…	…	…	…	
		图件 n 的中文名称	图件 n 的目录全路径	1∶25 万	遥感铁染异常要素（面） 遥感铁染异常要素（线）	
自然重砂资料应用	省级自然重砂异常图	图件 1 的中文名称	图件 1 的目录全路径	1∶50 万	X 矿物自然重砂异常分布（面） X 矿物自然重砂异常分布（线）	
		…	…	…	…	
		图件 n 的中文名称	图件 n 的目录全路径	1∶50 万	Y 矿物自然重砂异常分布（面） Y 矿物自然重砂异常分布（线）	
	省级自然重砂工作程度图	图件的中文名称	图件的目录全路径	1∶50 万	自然重砂工作程度范围（面） 自然重砂工作程度范围（线）	
	省级自然重砂采样点位图	图件的中文名称	图件的目录全路径	1∶50 万	自然重砂采样点位（点）	
合计	已提取空间实体的图件总数?（带属性库图件数?、不带属性库图件数?）					
数据整理问题小结	1. 2. …				负责人： 年　月　日	

附表 13　省级×矿种（组）潜力评价成果图件及属性库空间实体提取整理情况记录表

专业	图件种类		图件中文名称（注意：必须采用图面上的图名）	图件目录全路径（注意：使用图件投影坐标形式的存储目录全路径表示）	比例尺	已提取的空间实体	存在问题整理情况记录
成矿地质背景研究	×矿预测工作区地质构造专题底图	预测工作区构造岩相古地理图	图件 1 的中文名称	图件 1 的目录全路径	?	构造古地理单元(面)	
						盆地构造（面）	
						沉积相（沉积亚相）单元（面）	
						沉积等厚线及沉积中心（线）	
						古水流方向和物源供给方向（点）	
						特殊标志层（面）	
			…	…	…	…	…
			图件 n 的中文名称	图件 n 的目录全路径	?	构造古地理单元(面)	
						盆地构造（面）	
						沉积相（沉积亚相）单元（面）	
						沉积等厚线及沉积中心（线）	
						古水流方向和物源供给方向（点）	
						特殊标志层（面）	
		预测工作区沉积建造构造图	图件 1 的中文名称	图件 1 的目录全路径	?	沉积岩建造（面）	
						沉积岩建造界线(线)	
						侵入岩（面）	
						火山岩性岩相（面）	
						变质岩建造（面）	
						特殊标志层（面）	
						柱状剖面点（点）	
						（沉积矿产）矿（床）点（点）	
						地质界线（线）	
						断裂（线）	
						褶皱（线）	
						产状要素（点）	
						岩石化学样品采样点（点）	
						地球化学样品采样点（点）	
						同位素样品采样点（点）	
			…	…	…	…	

续表

专业	图件种类		图件中文名称（注意：必须采用图面上的图名）	图件目录全路径（注意：使用图件投影坐标形式的存储目录全路径表示）	比例尺	已提取的空间实体	存在问题整理情况记录
成矿地质背景研究	×矿预测工作区地质构造专题底图	预测工作区沉积建造构造图	图件 n 的中文名称	图件 n 的目录全路径	?	沉积岩建造（面）	
						沉积岩建造界线(线)	
						侵入岩（面）	
						火山岩性岩相（面）	
						变质岩建造（面）	
						特殊标志层（面）	
						柱状剖面点（点）	
						（沉积矿产）矿（床）点（点）	
						地质界线（线）	
						断裂（线）	
						褶皱（线）	
						产状要素（点）	
						岩石化学样品采样点（点）	
						地球化学样品采样点（点）	
						同位素样品采样点（点）	
		预测工作区地貌与第四纪地质图	图件 1 的中文名称	图件 1 的目录全路径	?	地层单元（面）	
						地貌单元（面）	
						含矿层(含卤层)（面）	
						基岩单元（面）	
			…	…	…	…	
			图件 n 的中文名称	图件 n 的目录全路径	?	地层单元（面）	
						地貌单元（面）	
						地貌单元界线（线）	
						含矿层(含卤层)（面）	
						(沉积矿产)矿(床）点	
						基岩单元（面）	
						柱状剖面点（点）	

续表

专业	图件种类		图件中文名称（注意：必须采用图面上的图名）	图件目录全路径（注意：使用图件投影坐标形式的存储目录全路径表示）	比例尺	已提取的空间实体	存在问题整理情况记录
成矿地质背景研究	×矿预测工作区地质构造专题底图	预测工作区地貌与第四纪地质图	图件 *n* 的中文名称	图件 *n* 的目录全路径	?	地质界线（线）	
						断裂（线）	
						产状要素（点）	
						钻孔（点）	
						同位素年龄（点）	
						化石采样点（点）	
		预测工作区火山岩性岩相构造图	图件 1 的中文名称	图件 1 的目录全路径	?	火山岩性岩相（面）	
						火山构造（面）	
						侵入岩（面）	
						沉积岩建造（面）	
						构造岩浆带（面）	
						变质岩建造（面）	
						地质界线（线）	
						断裂（线）	
						韧性剪切带（面）	
						褶皱（线）	
						蚀变带（面）	
						产状要素（点）	
						同位素年龄（点）	
						岩石化学样品采样点(点)	
						地球化学样品采样点(点)	
						同位素样品采样点(点)	
			…	…	…	…	
			图件 *n* 的中文名称	图件 *n* 的目录全路径	?	火山岩性岩相（面）	
						火山构造（面）	
						侵入岩（面）	

续表

专业	图件种类		图件中文名称（注意：必须采用图面上的图名）	图件目录全路径（注意：使用图件投影坐标形式的存储目录全路径表示）	比例尺	已提取的空间实体	存在问题整理情况记录
成矿地质背景研究	×矿预测工作区地质构造专题底图	预测工作区火山岩性岩相构造图	图件 n 的中文名称	图件 n 的目录全路径	?	沉积岩建造（面）	
						构造岩浆带（面）	
						变质岩建造（面）	
						地质界线（线）	
						断裂（线）	
						韧性剪切带（面）褶皱（线）	
						蚀变带（面）	
						产状要素（点）	
						同位素年龄（点）	
						岩石化学样品采样点（点）	
						地球化学样品采样点（点）	
						同位素样品采样点（点）	
		预测工作区侵入岩浆构造图	图件1的中文名称	图件1的目录全路径	?	侵入岩（面）	
						构造岩浆带（面）	
						沉积岩建造（面）	
						火山岩性岩相（面）	
						变质岩建造（面）	
						地质界线（线）	
						断裂（线）	
						韧性剪切带（面）	
						褶皱（线）	
						蚀变带（面）	
						产状要素（点）	
						同位素年龄（点）	
						岩石化学样品采样点（点）	
						地球化学样品采样点（点）	
						同位素样品采样点（点）	

续表

专业	图件种类		图件中文名称（注意：必须采用图面上的图名）	图件目录全路径（注意：使用图件投影坐标形式的存储目录全路径表示）	比例尺	已提取的空间实体	存在问题整理情况记录
成矿地质背景研究	×矿预测工作区地质构造专题底图		…	…	…	…	
		预测工作区侵入岩浆构造图	图件 n 的中文名称	图件 n 的目录全路径	?	侵入岩（面）	
						构造岩浆带（面）	
						沉积岩建造（面）	
						火山岩性岩相（面）	
						变质岩建造（面）	
						地质界线（线）	
						断裂（线）	
						韧性剪切带（面）	
						褶皱（线）	
						蚀变带（面）	
						产状要素（点）	
						同位素年龄（点）	
						岩石化学样品采样点（点）	
						地球化学样品采样点（点）	
						同位素样品采样点（点）	
		预测工作区变质建造构造图	图件 1 的中文名称	图件 1 的目录全路径	?	变质岩建造（面）	
						沉积岩建造（面）	
						侵入岩（面）	
						火山岩性岩相（面）	
						地质界线（线）	
						断裂（线）	
						韧性剪切带（面）	
						褶皱（线）	
						蚀变带	
						产状要素（点）	
						同位素年龄（点）	
						岩石化学样品采样点（点）	
						地球化学样品采样点（点）	
						同位素样品采样点（点）	

续表

专业	图件种类		图件中文名称（注意：必须采用图面上的图名）	图件目录全路径（注意：使用图件投影坐标形式的存储目录全路径表示）	比例尺	已提取的空间实体	存在问题整理情况记录
成矿地质背景研究	×矿预测工作区地质构造专题底图		…	…	…	…	
		预测工作区变质建造构造图	图件 n 的中文名称	图件 n 的目录全路径	?	变质岩建造（面）	
						沉积岩建造（面）	
						侵入岩（面）	
						火山岩性岩相（面）	
						地质界线（线）	
						断裂（线）	
						韧性剪切带（面）	
						褶皱（线）	
						蚀变带	
						产状要素（点）	
						同位素年龄（点）	
						岩石化学样品采样点（点）	
						地球化学样品采样点（点）	
						同位素样品采样点（点）	
		预测工作区建造构造图	图件 1 的中文名称	图件 1 的目录全路径	?	沉积岩建造（面）	
						火山岩性岩相（面）	
						火山构造（面）	
						侵入岩（面）	
						构造岩浆带（面）	
						变质岩建造（面）	
						大型变形构造（面）	
						地质界线（线）	
						断裂（线）	
						韧性剪切带（面）	
						褶皱（线）	
						同位素年龄（点）	
						产状要素（点）	

续表

专业	图件种类		图件中文名称（注意：必须采用图面上的图名）	图件目录全路径（注意：使用图件投影坐标形式的存储目录全路径表示）	比例尺	已提取的空间实体	存在问题整理情况记录
成矿地质背景研究	×矿预测工作区地质构造专题底图	预测工作区建造构造图	…	…	…	…	
			图件 n 的中文名称	图件 n 的目录全路径	?	沉积岩建造（面）	
						火山岩性岩相（面）	
						火山构造（面）	
						侵入岩（面）	
						构造岩浆带（面）	
						变质岩建造（面）	
						大型变形构造（面）	
						地质界线（线）	
						断裂（线）	
						韧性剪切带（面）	
						褶皱（线）	
						同位素年龄（点）	
						产状要素（点）	
	省级×矿预测类型分布图		图件的中文名称	图件的目录全路径	1∶50 万	矿产预测类型划分(点)	
						矿产预测类型分布区界线（线）	
	省级×矿（组）矿产地数据表		省级×矿（组）矿产地数据表	省级×矿(组）矿产地数据表的目录全路径	1∶50 万	×矿（组）矿产地数据表	
	×矿典型矿床成矿要素图		图件的中文名称	图件的目录全路径	?	无	
	×矿预测工作区成矿要素图		图件 1 的中文名称	图件 1 的目录全路径	?	区域成矿构造（线）	
						推断控矿构造带(线)	
						成矿区带（面）	
						成矿区带界线（线）	
						找矿标志（点）	
						矿化蚀变标志（点）	
						矿化蚀变标志（线）	

续表

专业	图件种类	图件中文名称（注意：必须采用图面上的图名）	图件目录全路径（注意：使用图件投影坐标形式的存储目录全路径表示）	比例尺	已提取的空间实体	存在问题整理情况记录
成矿地质背景研究	×矿预测工作区成矿要素图	图件1的中文名称	图件1的目录全路径	?	区域矿化蚀变地质体(面)	
					矿产地(点)（包括矿床、矿点、矿化点）	
					沉积型矿产地成矿建造（面）	
					火山型矿产地成矿建造（面）	
					变质型矿产地成矿建造（面）	
					侵入岩型、复合“内生”型、层控“内生”型矿产地侵入体（面）	
					复合“内生”型矿床围岩地质体（面）	
					成矿侵入岩体岩相构造（线）	
					成矿火山构造（线）	
					成矿侵入角砾岩(面)	
					成矿侵入接触构造（线）	
					成矿断裂构造（线）	
					成矿褶皱构造（线）	
					成矿后构造（线）	
		…	…	…	…	
		图件n的中文名称	图件n的目录全路径	?	区域成矿构造（线）	
					推断控矿构造带(线)	
					成矿区带（面）	
					成矿区带界线（线）	
					找矿标志（点）	
					矿化蚀变标志（点）	
					矿化蚀变标志（线）	
					区域矿化蚀变地质体（面）	
					矿产地(点)(包括矿床、矿点、矿化点)	

续表

专业	图件种类	图件中文名称（注意：必须采用图面上的图名）	图件目录全路径（注意：使用图件投影坐标形式的存储目录全路径表示）	比例尺	已提取的空间实体	存在问题整理情况记录
成矿规律与矿产预测研究	×矿预测工作区成矿要素图	图件 n 的中文名称	图件 n 的目录全路径	?	沉积型矿产地成矿建造（面）	
					火山型矿产地成矿建造（面）	
					变质型矿产地成矿建造（面）	
					侵入岩型、复合“内生”型、层控“内生”型矿产地侵入体（面）	
					复合“内生”型矿床围岩地质体（面）	
					成矿侵入岩体岩相构造（线）	
					成矿火山构造（线）	
					成矿侵入角砾岩（面）	
					成矿侵入接触构造（线）	
					成矿断裂构造（线）	
					成矿褶皱构造（线）	
					成矿后构造（线）	
	省级×矿区域成矿规律图			1∶50万	×矿（组）矿产地特征（点）	
					×矿（组）找矿标志（点）	
					×矿（组）矿化蚀变标志（点）	
					×矿（组）矿化蚀变标志（线）	
					×矿（组）成矿时代（点）	
					×矿（组）找矿远景区（面）	
	省级×矿种Ⅳ、Ⅴ级成矿区带图	图件的中文名称	图件的目录全路径	1∶50万	×矿种Ⅳ、Ⅴ级成矿区带（面）	
					×矿种Ⅳ、Ⅴ级成矿区带界线（线）	
	×矿典型矿床预测要素图	图件的中文名称	图件的目录全路径	?	无	
	×矿预测工作区预测要素图	图件的中文名称	图件的目录全路径	?	无	
	×矿预测工作区矿产预测类型预测成果图	图件 1 的中文名称	图件 1 的目录全路径	?	×矿矿产预测类型最小预测区（面）	
					×矿产预测类型最小预测区（线）	
		…	…	…	…	

续表

专业	图件种类	图件中文名称（注意：必须采用图面上的图名）	图件目录全路径（注意：使用图件投影坐标形式的存储目录全路径表示）	比例尺	已提取的空间实体	存在问题整理情况记录
成矿规律与矿产预测研究	×矿预测工作区矿产预测类型预测成果图	图件 n 的中文名称	图件 n 的目录全路径	?	×矿矿产预测类型最小预测区（面）	
					×矿产预测类型最小预测区（线）	
	省级×矿种预测成果图	图件的中文名称	图件的目录全路径	1∶50 万	×矿种(组) 成矿区带预测成果汇总(面)	
					×矿种(组) 成矿区带预测成果汇总(线)	
					×矿种(组) 预测工作区预测成果(面)	
					×矿种(组) 预测工作区预测成果(线)	
					×矿种(组) 最小预测区归并成果(面)	
					×矿种(组) 最小预测区归并成果(线)	
	省级×矿种勘查工作部署图	图件的中文名称	图件的目录全路径	1∶50 万	×矿种勘查工作部署建议（线）	
					×矿种勘查工作部署建议（面）	
					×矿种已有工作程度（线）	
	省级×矿种未来矿产开发基地预测图	图件的中文名称	图件的目录全路径	1∶50 万	×矿种未来矿产开发基地预测区（面）	
					×矿种未来矿产开发基地预测区（线）	
	×矿所有典型矿床研究区边界图	图件的中文名称	图件的目录全路径	1∶50 万	×省（市、区）×矿所有典型矿床研究区边界. wl	
					×省（市、区）×矿所有典型矿床研究区名称. wt	
	×矿所有预测工作区边界图	图件的中文名称	图件的目录全路径	1∶50 万	×省（市、区）×矿所有预测工作区边界. wl	
					×省（市、区）×矿所有预测工作区名称. wt	
重力资料应用	×矿预测工作区重力工作程度图	图件的中文名称	图件的目录全路径	?	无	
	×矿预测工作区布格重力异常图	图件 1 的中文名称	图件 1 的目录全路径	?	布格异常符号（点）	
					布格异常值标注（点）	
					布格异常线（线）	
					布格异常面（面）	

续表

专业	图件种类	图件中文名称（注意：必须采用图面上的图名）	图件目录全路径（注意：使用图件投影坐标形式的存储目录全路径表示）	比例尺	已提取的空间实体	存在问题整理情况记录
重力资料应用	×矿预测工作区重力工作程度图	…	…	…	…	
		图件 n 的中文名称	图件 n 的目录全路径	?	布格异常符号（点）	
					布格异常值标注（点）	
					布格异常线（线）	
					布格异常面（面）	
	×矿预测工作区剩余重力异常图	图件的中文名称	图件的目录全路径	?	剩余异常编号（点）	
					剩余异常标注（点）	
					剩余异常线（线）	
					剩余异常面（面）	
		…	…	…	…	
		图件 n 的中文名称	图件 n 的目录全路径	?	剩余异常编号（点）	
					剩余异常标注（点）	
					剩余异常线（线）	
					剩余异常面（面）	
	×矿预测工作区重力推断地质构造图	图件 1 的中文名称	图件 1 的目录全路径	?	局部重力异常与矿产（点）	
					重力推断断裂构造（线）	
					重力推断构造单元（线）	
					重力推断地层（面）	
					重力推断构造岩浆岩带（面）	
					重力推断岩体（面）	
					重力推断盆地（面）	
					重力推断推覆构造（面）	
					重力推断火山机构（线）	
		…	…	…	…	

续表

专业	图件种类	图件中文名称（注意：必须采用图面上的图名）	图件目录全路径（注意：使用图件投影坐标形式的存储目录全路径表示）	比例尺	已提取的空间实体	存在问题整理情况记录
重力资料应用	×矿预测工作区重力推断地质构造图	图件 n 的中文名称	图件 n 的目录全路径	?	局部重力异常与矿产（点）	
					重力推断断裂构造（线）	
					重力推断构造单元（线）	
					重力推断地层（面）	
					重力推断构造岩浆岩带（面）	
					重力推断岩体（面）	
					重力推断盆地（面）	
					重力推断推覆构造（面）	
					重力推断火山机构（线）	
磁测资料应用	×矿预测工作区航磁 ΔT 等值线平面图	图件 1 的中文名称	图件 1 的目录全路径	?	航磁 ΔT 等值线区(面)	
					航磁 ΔT 等值线线(线)	
					航磁 ΔT 等值线注释(点)	
		…	…	…	…	
		图件 n 的中文名称	图件 n 的目录全路径	?	航磁 ΔT 等值线区(面)	
					航磁 ΔT 等值线线(线)	
					航磁 ΔT 等值线注释（点）	
	×矿预测工作区航磁 ΔT 化极等值线平面图	图件 1 的中文名称	图件 1 的目录全路径	?	航磁 ΔT 化极等值线区（面）	
					航磁 ΔT 化极等值线线（线）	
					航磁 ΔT 化极等值线注释（点）	
		…	…	…	…	
		图件 n 的中文名称	图件 n 的目录全路径	?	航磁 ΔT 化极等值线区（面）	
					航磁 ΔT 化极等值线线（线）	
					航磁 ΔT 化极等值线注释（点）	
	×矿预测工作区航磁 ΔT 化极垂向一阶导数等值线平面图	图件 1 的中文名称	图件 1 的目录全路径	?	航磁 ΔT 化极垂向一阶导数等值线区(面)	
					航磁 ΔT 化极垂向一阶导数等值线线(线)	
					航磁 ΔT 化极垂向一阶导数等值线注释（点）	

续表

专业	图件种类	图件中文名称（注意：必须采用图面上的图名）	图件目录全路径（注意：使用图件投影坐标形式的存储目录全路径表示）	比例尺	已提取的空间实体	存在问题整理情况记录
磁测资料应用		…	…	…	…	
	×矿预测工作区航磁 ΔT 化极垂向一阶导数等值线平面图	图件 *n* 的中文名称	图件 *n* 的目录全路径	?	航磁 ΔT 化极垂向一阶导数等值线区(面)	
					航磁 ΔT 化极垂向一阶导数等值线线(线)	
					航磁 ΔT 化极垂向一阶导数等值线注释（点）	
	×矿预测工作区地磁等值线平面图	图件 1 的中文名称	图件 1 的目录全路径	?	地磁等值线区（面）	
					地磁等值线（线）	
					地磁等值线注释（点）	
		…	…	…	…	
		图件 *n* 的中文名称	图件 *n* 的目录全路径	?	地磁等值线区（面）	
					地磁等值线（线）	
					地磁等值线注释（点）	
	×矿预测工作区地磁化极等值线平面图	图件 1 的中文名称	图件 1 的目录全路径	?	地磁化极等值线区(面)	
					地磁化极等值线线(线)	
					地磁化极等值线注释（点）	
		…	…	…	…	
		图件 *n* 的中文名称	图件 *n* 的目录全路径	?	地磁化极等值线区(面)	
					地磁化极等值线线(线)	
					地磁化极等值线注释(点)	
	×矿预测工作区地磁化极垂向一阶导数等值线平面图	图件 1 的中文名称	图件 1 的目录全路径	?	地磁化极垂向一阶导数等值线区（面）	
					地磁化极垂向一阶导数等值线线（线）	
					地磁化极垂向一阶导数等值线注释(点)	
		…	…	…	…	
		图件 *n* 的中文名称	图件 *n* 的目录全路径	?	地磁化极垂向一阶导数等值线区（面）	
					地磁化极垂向一阶导数等值线线（线）	
					地磁化极垂向一阶导数等值线注释(点)	

续表

专业	图件种类	图件中文名称（注意：必须采用图面上的图名）	图件目录全路径（注意：使用图件投影坐标形式的存储目录全路径表示）	比例尺	已提取的空间实体	存在问题整理情况记录
磁测资料应用	×矿预测工作区磁法推断地质构造图	图件1的中文名称	图件1的目录全路径	?	磁法推断断裂构造（线）	
					磁法推断火山构造（线）	
					磁法推断侵入岩体边界（线）	
					磁法推断火山岩地层边界（线）	
					磁法推断变质岩地层边界（线）	
					磁法推断磁性蚀变带边界（线）	
					磁法推断侵入岩体（面）	
					磁法推断火山岩地层（面）	
					磁法推断变质岩地层（面）	
					磁法推断磁性蚀变带（面）	
					磁法推断断裂构造编号（点）	
					磁法推断侵入岩体编号（点）	
					磁法推断火山构造编号（点）	
					磁法推断火山岩地层编号（点）	
					磁法推断变质岩地层编号（点）	
					磁法推断磁性蚀变带编号（点）	
		…	…	…	…	
		图件的中文名称	图件的目录全路径	?	磁法推断断裂构造（线）	
					磁法推断火山构造（线）	
					磁法推断侵入岩体边界（线）	
					磁法推断火山岩地层边界（线）	
					磁法推断变质岩地层边界（线）	
					磁法推断磁性蚀变带边界（线）	
					磁法推断侵入岩体（面）	
					磁法推断火山岩地层（面）	
					磁法推断变质岩地层（面）	

续表

专业	图件种类	图件中文名称（注意：必须采用图面上的图名）	图件目录全路径（注意：使用图件投影坐标形式的存储目录全路径表示）	比例尺	已提取的空间实体	存在问题整理情况记录
磁测资料应用	×矿预测工作区磁法推断地质构造图	图件的中文名称	图件的目录全路径	?	磁法推断磁性蚀变带（面）	
					磁法推断断裂构造编号（点）	
					磁法推断侵入岩体编号（点）	
					磁法推断火山构造编号（点）	
					磁法推断火山岩地层编号（点）	
					磁法推断变质岩地层编号（点）	
					磁法推断磁性蚀变带编号（点）	
	×矿预测工作区矿产预测类型磁法推断磁性矿产分布图	图件1的中文名称	图件1的目录全路径	?	×矿磁法推断/已知磁性矿体范围(面)	
		…	…	…	…	
		图件 n 的中文名称	图件 n 的目录全路径	?	×矿磁法推断/已知磁性矿体范围(面)	
	×矿预测工作区磁异常范围分布图	图件1的中文名称	图件1的目录全路径	?	×矿磁异常范围(面)	
		…	…	…	…	
		图件 n 的中文名称	图件 n 的目录全路径	?	×矿磁异常范围(面)	
	省级×矿磁法推断磁性矿床分布图	图件的中文名称	图件的目录全路径	1∶50万	×省级×矿磁法推断/已知磁性矿床(点)	
化探资料应用	×矿预测工作区单元素地球化学图	图件1的中文名称	图件1的目录全路径	?	×元素含量分布等值线（线）	
					×元素含量分布等值区（面）	
		…	…	…	…	
		图件 n 的中文名称	图件 n 的目录全路径	?	×元素含量分布等值线（线）	
					×元素含量分布等值区（面）	
	×矿预测工作区单元素地球化学异常图	图件1的中文名称	图件1的目录全路径	?	×元素地球化学异常边界（线）	
					×元素地球化学异常范围（面）	
		…	…	…	…	
		图件 n 的中文名称	图件 n 的目录全路径	?	×元素地球化学异常边界（线）	
					×元素地球化学异常范围（面）	

续表

专业	图件种类	图件中文名称（注意：必须采用图面上的图名）	图件目录全路径（注意：使用图件投影坐标形式的存储目录全路径表示）	比例尺	已提取的空间实体	存在问题整理情况记录
化探资料应用	×矿预测工作区地球化学综合异常图	图件 1 的中文名称	图件 1 的目录全路径	?	主成矿元素异常边界（线） 主成矿元素异常范围（面） 主要伴生、共生元素异常下限（线）	
		…	…	…	…	
		图件 n 的中文名称	图件 n 的目录全路径	?	主成矿元素异常边界（线） 主成矿元素异常范围（面） 主要伴生、共生元素异常下限（线）	
	省级×矿地球化学找矿预测图	图件的中文名称	图件的目录全路径	1：50 万	×省级×矿地球化学找矿预测区（面） ×省级×矿地球化学找矿预测区（线） ×省级×矿地球化学找矿靶区（面） ×省级×矿地球化学找矿靶区（线） ×省级×矿地球化学找矿预测区标注(点)	
遥感资料应用	×矿预测工作区遥感矿产地质特征与近矿找矿标志解译图	图件 1 的中文名称	图件 1 的目录全路径	?	遥感断层要素（线） 遥感脆韧性变形构造带要素（线） 遥感逆冲推覆滑脱构造要素（线） 遥感环状要素（线） 遥感块状要素（线） 遥感色要素（面） 遥感带状要素（面） 遥感近矿找矿标志要素（面） 遥感最小预测区要素（线）	
		…	…	…	…	
		图件 n 的中文名称	图件 n 的目录全路径	?	遥感断层要素（线） 遥感脆韧性变形构造带要素（线） 遥感逆冲推覆滑脱构造要素（线） 遥感环状要素（线） 遥感块状要素（线） 遥感色要素（面） 遥感带状要素（面）	

续表

专业	图件种类	图件中文名称（注意：必须采用图面上的图名）	图件目录全路径（注意：使用图件投影坐标形式的存储目录全路径表示）	比例尺	已提取的空间实体	存在问题整理情况记录
遥感资料应用	×矿预测工作区遥感矿产地质特征与近矿找矿标志解译图	图件 n 的中文名称	图件 n 的目录全路径	?	遥感近矿找矿标志要素（面）	
					遥感最小预测区要素（线）	
	×矿预测工作区遥感羟基异常分布图	图件 1 的中文名称	图件 1 的目录全路径	?	遥感羟基异常要素(面)	
					遥感羟基异常要素（线）	
		…	…	…	…	
		图件 n 的中文名称	图件 n 的目录全路径	?	遥感羟基异常要素(面)	
					遥感羟基异常要素（线）	
	×矿预测工作区遥感铁染异常分布图	图件 1 的中文名称	图件 1 的目录全路径	?	遥感铁染异常要素（面）	
					遥感铁染异常要素(线)	
		…	…	…	…	
		图件 n 的中文名称	图件 n 的目录全路径	?	遥感铁染异常要素（面）	
					遥感铁染异常要素（线）	
	×矿预测工作区蚀变矿物遥感异常分布图	图件 1 的中文名称	图件 1 的目录全路径	?	蚀变矿物遥感异常（面）	
					蚀变矿物遥感异常（线）	
		…	…	…	…	
		图件 n 的中文名称	图件 n 的目录全路径	?	蚀变矿物遥感异常（面）	
					蚀变矿物遥感异常（线）	
自然重砂资料应用	×矿预测工作区自然重砂异常图	图件 1 的中文名称	图件 1 的目录全路径	?	×矿自然重砂异常分布（面）	
					×矿自然重砂异常边界（线）	
		…	…	…	…	
		图件 n 的中文名称	图件 n 的目录全路径	?	×矿自然重砂异常分布（面）	
					×矿自然重砂异常边界（线）	
合计	已提取空间实体的图件总数?（带属性库图件数?、不带属性库图件数?）					
数据整理问题小结	1. 2. …				负责人： 年 月 日	

附表 14 省（市、区）矿产资源潜力评价成果文档整理情况记录表

专业	整理前文档				整理后文档				存在问题整理情况记录
	文件名称	存储目录全路径	封面上标题名称	文档格式	文件名称	存储目录全路径	封面上标题名称	文档格式	
成矿地质背景研究	例 1：…	…	…	…	…	…	…	…	…
	…	…	…	…	…	…	…	…	…
	例 n：…	…	…	…	…	…	…	…	…
成矿规律研究	例 1：…	…	…	…	…	…	…	…	…
	…	…	…	…	…	…	…	…	…
	例 n：…	…	…	…	…	…	…	…	…
矿产预测研究	例 1：…	…	…	…	…	…	…	…	…
	…	…	…	…	…	…	…	…	…
	例 n：…	…	…	…	…	…	…	…	…
重力资料应用	例 1：…	…	…	…	…	…	…	…	…
	…	…	…	…	…	…	…	…	…
	例 n：…	…	…	…	…	…	…	…	…
磁测资料应用	例 1：…	…	…	…	…	…	…	…	…
	…	…	…	…	…	…	…	…	…
	例 n：…	…	…	…	…	…	…	…	…
化探资料应用	例 1：…	…	…	…	…	…	…	…	…
	…	…	…	…	…	…	…	…	…
	例 n：…	…	…	…	…	…	…	…	…
遥感资料应用	例 1：…	…	…	…	…	…	…	…	…
	…	…	…	…	…	…	…	…	…
	例 n：…	…	…	…	…	…	…	…	…

续表

专业	整理前文档				整理后文档				存在问题整理情况记录
	文件名称	存储目录全路径	封面上标题名称	文档格式	文件名称	存储目录全路径	封面上标题名称	文档格式	
自然重砂资料应用	例 1：…	…	…	…	…	…	…	…	…
	…	…	…	…	…	…	…	…	…
	例 n：…	…	…	…	…	…	…	…	…
合计	总文档总数?（文档数?、表格数?、卡片数?、图片数?）								
文档整理问题小结	1. 2. …								负责人： 年 月 日

附表 15 省级基础地质编图图件元数据文件（XML）整理情况记录表

专业	图件种类	图件中文名称（注意：必须采用图面上的图名）	图件目录路径（注意：使用图件投影坐标形式的存储目录全路径表示）	元数据文件名称（注意：按 2010 年 35 号文规定命名）	元数据文件目录路径（注意：使用元数据文件的存储目录全路径表示）	存在问题整理情况记录
成矿地质背景研究	1∶25 万分幅实际材料图	图件 1 的中文名称	图件 1 的目录全路径	…	…	
		…	…	…	…	
		图件 n 的中文名称	图件 n 的目录全路径	…	…	
	1∶25 万分幅建造构造图	图件 1 的中文名称	图件 1 的目录全路径	…	…	
		…	…	…	…	
		图件 n 的中文名称	图件 n 的目录全路径	…	…	
	省级大地构造相图	图件的中文名称	图件的目录全路径	…	…	
成矿规律研究	省级区域成矿规律图	图件的中文名称	图件的目录全路径	…	…	
重力资料应用	省级重力工作程度图	图件的中文名称	图件的目录全路径	…	…	
	省级重力推断地质构造图	图件的中文名称	图件的目录全路径	…	…	
	省级布格重力异常图	图件的中文名称	图件的目录全路径	…	…	
	省级剩余重力异常图	图件的中文名称	图件的目录全路径	…	…	

续表

专业	图件种类	图件中文名称（注意：必须采用图面上的图名）	图件目录路径（注意：使用图件投影坐标形式的存储目录全路径表示）	元数据文件名称（注意：按2010年35号文规定命名 ）	元数据文件目录路径（注意：使用元数据文件的存储目录全路径表示）	存在问题整理情况记录
磁测资料应用	省级航磁工作程度图	图件的中文名称	图件约目录全路径	…	…	
	省级地磁工作程度图	图件的中文名称	图件约目录全路径	…	…	
	省级磁法推断地质构造图	图件的中文名称	图件约目录全路径	…	…	
	省级磁异常分布图	图件的中文名称	图件约目录全路径	…	…	
	省级航磁 ΔT 等值线平面图	图件的中文名称	图件约目录全路径	…	…	
	省级航磁 ΔT 化极等值线平面图	图件的中文名称	图件的目录全路径	…	…	
	省级航磁 ΔT 化极垂向一阶导数等值线平面图	图件的中文名称	图件的目录全路径	…	…	
化探资料应用	省级地球化学采样点位图	图件的中文名称	图件的目录全路径	…	…	
	省级地球化学景观图	图件的中文名称	图件的目录全路径	…	…	
	省级地球化学工作程度图	图件的中文名称	图件的目录全路径	…	…	
	省级单元素地球化学图	图件 1 的中文名称	图件 1 的目录全路径	…	…	
		…	…	…	…	
		图件 n 的中文名称	图件 n 的目录全路径	…	…	
	省级单元素地球化学异常图	图件 1 的中文名称	图件 1 的目录全路径	…	…	
		…	…	…	…	
		图件 n 的中文名称	图件 n 的目录全路径	…	…	
	省级地球化学综合异常图	图件 1 的中文名称	图件 1 的目录全路径	…	…	
		…	…	…	…	
		图件 n 的中文名称	图件 n 的目录全路径	…	…	
	省级地球化学推断地质构造图	图件的中文名称	图件的目录全路径	…	…	

续表

专业	图件种类	图件中文名称（注意：必须采用图面上的图名）	图件目录路径（注意：使用图件投影坐标形式的存储目录全路径表示）	元数据文件名称（注意：按2010年35号文规定命名）	元数据文件目录路径（注意：使用元数据文件的存储目录全路径表示）	存在问题整理情况记录
遥感资料应用	省级遥感工作程度图	图件的中文名称	图件的目录全路径	…	…	
	省级遥感构造解译图	图件的中文名称	图件的目录全路径	…	…	
	省级遥感异常组合图	图件的中文名称	图件的目录全路径	…	…	
	1：25万分幅遥感矿产地质特征解译图	图件1的中文名称	图件1的目录全路径	…	…	
		…	…	…	…	
		图件 n 的中文名称	图件 n 的目录全路径	…	…	
	1：25万分幅遥感羟基异常分布图	图件1的中文名称	图件1的目录全路径	…	…	
		…	…	…	…	
		图件 n 的中文名称	图件 n 的目录全路径	…	…	
	1：25万分幅遥感铁染异常分布图	图件1的中文名称	图件1的目录全路径	…	…	
		…	…	…	…	
		图件 n 的中文名称	图件 n 的目录全路径	…	…	
自然重砂资料应用	省级自然重砂异常图	图件1的中文名称	图件1的目录全路径	…	…	
		…	…	…	…	
		图件 n 的中文名称	图件 n 的目录全路径	…	…	
	省级自然重砂工作程度图	图件的中文名称	图件的目录全路径	…	…	
	省级自然重砂采样点位图	图件的中文名称	图件的目录全路径	…	…	
合计	元数据文件总数？					
元数据整理问题小结	1. 2. …				负责人： 年 月 日	

附表16 省级×矿种（组）潜力评价成果图件元数据文件（XML）整理情况记录表

专业	图件种类		图件中文名称（注意：必须采用图面上的图名）	图件目录全路径（注意：使用图件经纬坐标形式的存储目录全路径表示）	元数据文件名称（注意：按2010年35号文规定命名）	元数据文件目录路径（注意：使用元数据文件的存储目录全路径表示）	存在问题整理情况记录
成矿地质背景研究	×矿预测工作区地质构造专题底图	预测工作区构造岩相古地理图	图件1的中文名称	图件1的目录全路径	…	…	
			…	…	…	…	
			图件n的中文名称	图件n的目录全路径	…	…	
		预测工作区沉积建造构造图	图件1的中文名称	图件1的目录全路径	…	…	
			…	…	…	…	
			图件n的中文名称	图件n的目录全路径	…	…	
成矿地质背景研究	×矿预测工作区地质构造专题底图	预测工作区地貌与第四纪地质图	图件1的中文名称	图件1的目录全路径	…	…	
			…	…	…	…	
			图件n的中文名称	图件n的目录全路径	…	…	
		预测工作区火山岩性岩相构造图	图件1的中文名称	图件1的目录全路径	…	…	
			…	…	…	…	
			图件n的中文名称	图件n的目录全路径	…	…	
		预测工作区侵入岩浆构造图	图件1的中文名称	图件1的目录全路径	…	…	
			…	…	…	…	
			图件n的中文名称	图件n的目录全路径	…	…	
		预测工作区变质建造构造图	图件1的中文名称	图件1的目录全路径	…	…	
			…	…	…	…	
			图件n的中文名称	图件n的目录全路径	…	…	
		预测工作区建造构造图	图件1的中文名称	图件1的目录全路径	…	…	
			…	…	…	…	
			图件n的中文名称	图件n的目录全路径	…	…	

续表

专业	图件种类	图件中文名称（注意：必须采用图面上的图名）	图件目录全路径（注意：使用图件经纬坐标形式的存储目录全路径表示）	元数据文件名称（注意：按2010年35号文规定命名）	元数据文件目录路径（注意：使用元数据文件的存储目录全路径表示）	存在问题整理情况记录
成矿规律与矿产预测研究	省级×矿预测类型分布图	图件的中文名称	图件的目录全路径	…	…	
	省级×矿（组）矿产地数据表	省级×矿（组）矿产地数据表	省级×矿（组）矿产地数据表的目录全路径	…	…	
	×矿典型矿床成矿要素图	图件的中文名称	图件的目录全路径	…	…	
	×矿预测工作区成矿要素图	图件的中文名称	图件的目录全路径	…	…	
	省级×矿区域成矿规律图	图件的中文名称	图件的目录全路径	…	…	
	省级×矿种Ⅳ、Ⅴ级成矿区带图	图件的中文名称	图件的目录全路径	…	…	
	×矿典型矿床预测要素图	图件的中文名称	图件的目录全路径	…	…	
	×矿预测工作区预测要素图	图件的中文名称	图件的目录全路径	…	…	
	×矿预测工作区矿产预测类型预测成果图	图件1的中文名称	图件1的目录全路径	…	…	
		…	…	…	…	
		图件 n 的中文名称	图件 n 的目录全路径	…	…	
	省级×矿种预测成果图	图件的中文名称	图件的目录全路径	…	…	
	省级×矿种勘查工作部署图	图件的中文名称	图件的目录全路径	…	…	
	省级×矿种未来矿产开发基地预测图	图件的中文名称	图件的目录全路径	…	…	
	×矿所有典型矿床研究区边界图	图件的中文名称	图件的目录全路径	…	…	
	×矿所有预测工作区边界图	图件的中文名称	图件的目录全路径	…	…	
重力资料应用	×矿预测工作区重力工作程度图	图件的中文名称	图件的目录全路径	…	…	
	×矿预测工作区布格重力异常图	图件的中文名称	图件的目录全路径	…	…	
	×矿预测工作区剩余重力异常图	图件的中文名称	图件的目录全路径	…	…	
	×矿预测工作区重力推断地质构造图	图件的中文名称	图件的目录全路径	…	…	
磁测资料应用	×矿预测工作区航磁 ΔT 等值线平面图	图件的中文名称	图件的目录全路径	…	…	
	×矿预测工作区航磁 ΔT 化极等值线平面图	图件的中文名称	图件的目录全路径	…	…	
	×矿预测工作区航磁 ΔT 化极垂向一阶导数等值线平面图	图件的中文名称	图件的目录全路径	…	…	
	×矿预测工作区地磁等值线平面图	图件的中文名称	图件的目录全路径	…	…	
	×矿预测工作区地磁化极等值线平面图	图件的中文名称	图件的目录全路径	…	…	

续表

专业	图件种类	图件中文名称（注意：必须采用图面上的图名）	图件目录全路径（注意：使用图件经纬坐标形式的存储目录全路径表示）	元数据文件名称（注意：按2010年35号文规定命名）	元数据文件目录路径（注意：使用元数据文件的存储目录全路径表示）	存在问题整理情况记录
磁测资料应用	×矿预测工作区地磁化极垂向一阶导数等值线平面图	图件的中文名称	图件的目录全路径	…	…	
	×矿预测工作区磁法推断地质构造图	图件的中文名称	图件的目录全路径	…	…	
	×矿预测工作区矿产预测类型磁法推断磁性矿产分布图	图件1的中文名称	图件1的目录全路径	…	…	
		…	…	…	…	
		图件 n 的中文名称	图件 n 的目录全路径	…	…	
	×矿预测工作区磁异常范围分布图	图件1的中文名称	图件1的目录全路径	…	…	
		…	…	…	…	
		图件 n 的中文名称	图件 n 的目录全路径	…	…	
	省级×矿磁法推断磁性矿床分布图	图件的中文名称	图件的目录全路径	…	…	
化探资料应用	×矿预测工作区单元素地球化学图	图件的中文名称	图件的目录全路径	…	…	
	×矿预测工作区单元素地球化学异常图	图件的中文名称	图件的目录全路径	…	…	
	×矿预测工作区地球化学综合异常图	图件的中文名称	图件的目录全路径	…	…	
	省级×矿地球化学找矿预测图	图件的中文名称	图件的目录全路径	…	…	
遥感资料应用	×矿预测工作区遥感矿产地质特征与近矿找矿标志解译图	图件的中文名称	图件的目录全路径	…	…	
	×矿预测工作区遥感羟基异常分布图	图件的中文名称	图件的目录全路径	…	…	
	×矿预测工作区遥感铁染异常分布图	图件的中文名称	图件的目录全路径	…	…	
	×矿预测工作区蚀变矿物遥感异常分布图	图件的中文名称	图件的目录全路径	…	…	
自然重砂资料应用	×矿预测工作区自然重砂异常图	图件1的中文名称	图件1的目录全路径	…	…	
		…	…	…	…	
		图件 n 的中文名称	图件 n 的目录全路径	…	…	
合计	元数据文件总数？					

元数据整理问题小结	1. 2. …	负责人： 年 月 日

附表 17　×大区成果基本情况统计表

1. ×大区（辖区内省、市或自治区）预测矿种或矿组统计表

序号	辖区内省、市或自治区	规定预测矿种或矿组	自增预测矿种或矿组	其他描述
1	例：四川省	…	…	按照“煤炭、铀、铁、铝、铜、铅、锌、金、钨、锑、稀土、钾、磷；锡、钼、镍、锰、铬、银、锂、硫、萤石、菱镁矿、硼、重晶石”为全国项目办规定矿种（组）、其他为省项目办自增矿种（组）
…	…	…	…	
…	…	…	…	
合计	…	规定预测矿种或矿组个数（？个）	自增预测矿种或矿组个数（？个）	预测矿种或矿组总数（？个）

2. 存在问题说明

（逐条说明）

附表 18　×大区成果图件统计表

专业	图件种类	统计个数(图件数丨报告数丨表格数)	存在问题说明（指明缺失具体内容，包括图件、编图说明书、元数据文件、质检卡等的问题）
成矿地质研究	…	…	…
重力资料应用	…	…	…
磁测资料应用	…	…	…
化探资料应用	…	…	…
遥感资料应用	…	…	…
自然重砂资料应用	…	…	…
成矿规律研究	…	…	…
矿产预测研究	…	…	…
合计	图件总数?（图件及其属性库数?、不建属性库图件数?、遥感影像图件数?）		
数据统计问题小结	1. 2. …		负责人： 年　月　日

附表 19　×大区成果图件整理情况记录表

<table>
<tr><th>专业</th><th>图件种类</th><th colspan="2">图件中文名称（注意：必须采用图面上的图名）</th><th>图件目录全路径</th><th>数量统计</th><th>存在问题整理情况记录（包括图件、编图说明书、元数据文件、质检卡等的问题）</th></tr>
<tr><td rowspan="3">成矿地质背景研究</td><td rowspan="3">××图类
…</td><td colspan="2">图件 1 的中文名称</td><td>图件 1 的目录全路径</td><td rowspan="3"></td><td></td></tr>
<tr><td colspan="2">…</td><td>…</td><td>…</td></tr>
<tr><td colspan="2">图件 n 的中文名称</td><td>图件 n 的目录全路径</td><td></td></tr>
<tr><td rowspan="3">重力资料应用</td><td rowspan="3">××图类
…</td><td colspan="2">图件 1 的中文名称</td><td>图件 1 的目录全路径</td><td rowspan="3"></td><td></td></tr>
<tr><td colspan="2">…</td><td>…</td><td>…</td></tr>
<tr><td colspan="2">图件 n 的中文名称</td><td>图件 n 的目录全路径</td><td></td></tr>
<tr><td rowspan="3">磁测资料应用</td><td rowspan="3">××图类
…</td><td colspan="2">图件 1 的中文名称</td><td>图件 1 的目录全路径</td><td rowspan="3"></td><td></td></tr>
<tr><td colspan="2">…</td><td>…</td><td>…</td></tr>
<tr><td colspan="2">图件 n 的中文名称</td><td>图件 n 的目录全路径</td><td></td></tr>
<tr><td rowspan="3">化探资料应用</td><td rowspan="3">××图类
…</td><td colspan="2">图件 1 的中文名称</td><td>图件 1 的目录全路径</td><td rowspan="3"></td><td></td></tr>
<tr><td colspan="2">…</td><td>…</td><td>…</td></tr>
<tr><td colspan="2">图件 n 的中文名称</td><td>图件 n 的目录全路径</td><td></td></tr>
<tr><td rowspan="3">遥感资料应用</td><td rowspan="3">××图类
…</td><td colspan="2">图件 1 的中文名称</td><td>图件 1 的目录全路径</td><td rowspan="3"></td><td></td></tr>
<tr><td colspan="2">…</td><td>…</td><td>…</td></tr>
<tr><td colspan="2">图件 n 的中文名称</td><td>图件 n 的目录全路径</td><td></td></tr>
<tr><td rowspan="9">遥感资料应用</td><td rowspan="9">××影像图类
…</td><td rowspan="3">MPJ</td><td>图件 1 的中文名称</td><td>图件 1 的目录全路径</td><td rowspan="3"></td><td></td></tr>
<tr><td>…</td><td>…</td><td>…</td></tr>
<tr><td>图件 n 的中文名称</td><td>图件 n 的目录全路径</td><td></td></tr>
<tr><td rowspan="3">MSI</td><td>图件 1 的中文名称</td><td>图件 1 的目录全路径</td><td rowspan="3"></td><td></td></tr>
<tr><td>…</td><td>…</td><td>…</td></tr>
<tr><td>图件 n 的中文名称</td><td>图件 n 的目录全路径</td><td></td></tr>
<tr><td rowspan="3">GeoTiff</td><td>图件 1 的中文名称</td><td>图件 1 的目录全路径</td><td rowspan="3"></td><td></td></tr>
<tr><td>…</td><td>…</td><td>…</td></tr>
<tr><td>图件 n 的中文名称</td><td>图件 n 的目录全路径</td><td></td></tr>
</table>

续表

<table>
<tr><th>专业</th><th>图件种类</th><th colspan="2">图件中文名称（注意：必须采用图面上的图名）</th><th>图件目录全路径</th><th>数量统计</th><th>存在问题整理情况记录（包括图件、编图说明书、元数据文件、质检卡等的问题）</th></tr>
<tr><td rowspan="6">遥感资料应用</td><td rowspan="6">××影像图类
…</td><td rowspan="3">Tiff</td><td>图件 1 的中文名称</td><td>图件 1 的目录全路径</td><td rowspan="3"></td><td></td></tr>
<tr><td>…</td><td>…</td><td>…</td></tr>
<tr><td>图件 n 的中文名称</td><td>图件 n 的目录全路径</td><td></td></tr>
<tr><td rowspan="3">Gray</td><td>图件 1 的中文名称</td><td>图件 1 的目录全路径</td><td rowspan="3"></td><td></td></tr>
<tr><td>…</td><td>…</td><td>…</td></tr>
<tr><td>图件 n 的中文名称</td><td>图件 n 的目录全路径</td><td></td></tr>
<tr><td rowspan="3">自然重砂资料应用</td><td rowspan="3">××图类
…</td><td colspan="2">图件 1 的中文名称</td><td>图件 1 的目录全路径</td><td rowspan="3"></td><td></td></tr>
<tr><td colspan="2">…</td><td>…</td><td>…</td></tr>
<tr><td colspan="2">图件 n 的中文名称</td><td>图件 n 的目录全路径</td><td></td></tr>
<tr><td rowspan="3">成矿规律研究</td><td rowspan="3">××图类
…</td><td colspan="2">图件 1 的中文名称</td><td>图件 1 的目录全路径</td><td rowspan="3"></td><td></td></tr>
<tr><td colspan="2">…</td><td>…</td><td>…</td></tr>
<tr><td colspan="2">图件 n 的中文名称</td><td>图件 n 的目录全路径</td><td></td></tr>
<tr><td rowspan="3">矿产预测研究</td><td rowspan="3">××图类
…</td><td colspan="2">图件 1 的中文名称</td><td>图件 1 的目录全路径</td><td rowspan="3"></td><td></td></tr>
<tr><td colspan="2">…</td><td>…</td><td>…</td></tr>
<tr><td colspan="2">图件 n 的中文名称</td><td>图件 n 的目录全路径</td><td></td></tr>
<tr><td>合计</td><td colspan="6">图件总数？（图件数？、遥感影像图件数？）、表格数？、报告总数？</td></tr>
<tr><td>数据整理问题小结</td><td colspan="4">1.
2.
…</td><td colspan="2">负责人：
年　月　日</td></tr>
</table>

附表20 ×大区矿产资源潜力评价成果文档整理情况记录表

专业	整理前文档				整理后文档				存在问题整理情况记录
	文件名称	存储目录全路径	封面上标题名称	文档格式	文件名称	存储目录全路径	封面上标题名称	文档格式	
成矿地质背景	例1：…	…	…	…	…	…	…	…	…
	…	…	…	…	…	…	…	…	…
	例 n：…	…	…	…	…	…	…	…	…
重力资料应用	例1：…	…	…	…	…	…	…	…	…
	…	…	…	…	…	…	…	…	…
	例 n：…	…	…	…	…	…	…	…	…
磁测资料应用	例1：…	…	…	…	…	…	…	…	…
	…	…	…	…	…	…	…	…	…
	例 n：…	…	…	…	…	…	…	…	…
化探资料应用	例1：…	…	…	…	…	…	…	…	…
	…	…	…	…	…	…	…	…	…
	例 n：…	…	…	…	…	…	…	…	…
遥感资料应用	例1：…	…	…	…	…	…	…	…	…
	…	…	…	…	…	…	…	…	…
	例 n：…	…	…	…	…	…	…	…	…
自然重砂资料应用	例1：…	…	…	…	…	…	…	…	…
	…	…	…	…	…	…	…	…	…
	例 n：…	…	…	…	…	…	…	…	…
成矿规律研究	例1：…	…	…	…	…	…	…	…	…
	…	…	…	…	…	…	…	…	…
	例 n：…	…	…	…	…	…	…	…	…
矿产预测研究	例1：…	…	…	…	…	…	…	…	…
	…	…	…	…	…	…	…	…	…
	例 n：…	…	…	…	…	…	…	…	…
合计	总文档总数？（文档数？、表格数？、卡片数？、图片数？）								
文档整理问题小结	1. 2. …							负责人： 年 月 日	

附表 21 ×大区成果图件元数据文件（XML）整理情况记录表

专业	图件种类	图件中文名称（注意：必须采用图面上的图名）	图件目录路径	元数据文件名称（注意：按2010年35号文规定命名）	元数据文件目录路径（注意：使用元数据文件的存储目录全路径表示）	存在问题整理情况记录
成矿地质背景研究	××图类 …	图件1的中文名称	图件1的目录全路径	…	…	…
		…	…	…	…	
		图件 n 的中文名称	图件 n 的目录全路径	…	…	
重力资料应用	××图类 …	图件1的中文名称	图件1的目录全路径	…	…	…
		…	…	…	…	
		图件 n 的中文名称	图件 n 的目录全路径	…	…	
磁测资料应用	××图类 …	图件1的中文名称	图件1的目录全路径	…	…	…
		…	…	…	…	
		图件 n 的中文名称	图件 n 的目录全路径	…	…	
化探资料应用	××图类 …	图件1的中文名称	图件1的目录全路径	…	…	…
		…	…	…	…	
		图件 n 的中文名称	图件 n 的目录全路径	…	…	
遥感资料应用	××图类 …	图件1的中文名称	图件1的目录全路径	…	…	…
		…	…	…	…	
		图件 n 的中文名称	图件 n 的目录全路径	…	…	
自然重砂资料应用	××图类 …	图件1的中文名称	图件1的目录全路径	…	…	…
		…	…	…	…	
		图件 n 的中文名称	图件 n 的目录全路径	…	…	
成矿规律研究	××图类 …	图件1的中文名称	图件1的目录全路径	…	…	…
		…	…	…	…	
		图件 n 的中文名称	图件 n 的目录全路径	…	…	
矿产预测研究	××图类 …	图件1的中文名称	图件1的目录全路径	…	…	…
		…	…	…	…	
		图件 n 的中文名称	图件 n 的目录全路径	…	…	
合计		元数据文件总数:?				
元数据整理问题小结		1. 2. …				负责人： 年 月 日

附表 22　全国级成果基本情况统计表

1. 全国范围预测矿种或矿组统计表

序号	大区名称	规定预测矿种或矿组	自增预测矿种或矿组	其他描述
1	华北	…	…	按照“煤炭、铀、铁、铝、铜、铅、锌、金、钨、锑、稀土、钾、磷；锡、钼、镍、锰、铬、银、锂、硫、萤石、菱镁矿、硼、重晶石”为全国项目办规定矿种（组）、其他为省项目办自增矿种（组）
2	东北	…	…	
3	华东	…	…	
4	中南	…	…	
5	西南	…	…	
6	西北	…	…	
合计		规定预测矿种或矿组个数（? 个）	自增预测矿种或矿组个数（? 个）	预测矿种或矿组总数（? 个）

2. 存在问题说明

（逐条说明）

附表 23　全国级成果图件统计表

专业	图件种类	统计个数（图件数| 报告数| 表格数）	存在问题说明（指明缺失具体内容，包括图件、编图说明书、元数据文件、质检卡等的问题）
成矿地质研究	…	…	…
重力资料应用	…	…	…
磁测资料应用	…	…	…
化探资料应用	…	…	…
遥感资料应用	…	…	…
自然重砂资料应用	…	…	…
成矿规律研究	…	…	…
矿产预测研究	…	…	…
合计	图件总数?（图件及其属性库数?、不建属性库图件数?、遥感影像图件数?）		
数据统计问题小结	1. 2. …		负责人： 年　月　日

附表 24　全国级成果图件整理情况记录表

<table>
<tr><th>专业</th><th>图件种类</th><th colspan="2">图件中文名称（注意：必须采用图面上的图名）</th><th>图件目录全路径</th><th>数量统计</th><th>存在问题整理情况记录（包括图件、编图说明书、元数据文件、质检卡等的问题）</th></tr>
<tr><td rowspan="3">成矿地质背景研究</td><td rowspan="3">××图类
…</td><td colspan="2">图件 1 的中文名称</td><td>图件 1 的目录全路径</td><td rowspan="3"></td><td></td></tr>
<tr><td colspan="2">…</td><td>…</td><td>…</td></tr>
<tr><td colspan="2">图件 n 的中文名称</td><td>图件 n 的目录全路径</td><td></td></tr>
<tr><td rowspan="3">重力资料应用</td><td rowspan="3">××图类
…</td><td colspan="2">图件 1 的中文名称</td><td>图件 1 的目录全路径</td><td rowspan="3"></td><td></td></tr>
<tr><td colspan="2">…</td><td>…</td><td>…</td></tr>
<tr><td colspan="2">图件 n 的中文名称</td><td>图件 n 的目录全路径</td><td></td></tr>
<tr><td rowspan="3">磁测资料应用</td><td rowspan="3">××图类
…</td><td colspan="2">图件 1 的中文名称</td><td>图件 1 的目录全路径</td><td rowspan="3"></td><td></td></tr>
<tr><td colspan="2">…</td><td>…</td><td>…</td></tr>
<tr><td colspan="2">图件 n 的中文名称</td><td>图件 n 的目录全路径</td><td></td></tr>
<tr><td rowspan="3">化探资料应用</td><td rowspan="3">××图类
…</td><td colspan="2">图件 1 的中文名称</td><td>图件 1 的目录全路径</td><td rowspan="3"></td><td></td></tr>
<tr><td colspan="2">…</td><td>…</td><td>…</td></tr>
<tr><td colspan="2">图件 n 的中文名称</td><td>图件 n 的目录全路径</td><td></td></tr>
<tr><td rowspan="12">遥感资料应用</td><td rowspan="3">××图类
…</td><td colspan="2">图件 1 的中文名称</td><td>图件 1 的目录全路径</td><td rowspan="3"></td><td></td></tr>
<tr><td colspan="2">…</td><td>…</td><td>…</td></tr>
<tr><td colspan="2">图件 n 的中文名称</td><td>图件 n 的目录全路径</td><td></td></tr>
<tr><td rowspan="9">××影像图类
…</td><td rowspan="3">MPJ</td><td>图件 1 的中文名称</td><td>图件 1 的目录全路径</td><td rowspan="3"></td><td></td></tr>
<tr><td>…</td><td>…</td><td>…</td></tr>
<tr><td>图件 n 的中文名称</td><td>图件 n 的目录全路径</td><td></td></tr>
<tr><td rowspan="3">MSI</td><td>图件 1 的中文名称</td><td>图件 1 的目录全路径</td><td rowspan="3"></td><td></td></tr>
<tr><td>…</td><td>…</td><td>…</td></tr>
<tr><td>图件 n 的中文名称</td><td>图件 n 的目录全路径</td><td></td></tr>
<tr><td rowspan="3">GeoTiff</td><td>图件 1 的中文名称</td><td>图件 1 的目录全路径</td><td rowspan="3"></td><td></td></tr>
<tr><td>…</td><td>…</td><td>…</td></tr>
<tr><td>图件 n 的中文名称</td><td>图件 n 的目录全路径</td><td></td></tr>
</table>

续表

<table>
<tr><th>专业</th><th>图件种类</th><th colspan="2">图件中文名称（注意：必须采用图面上的图名）</th><th>图件目录全路径</th><th>数量统计</th><th>存在问题整理情况记录（包括图件、编图说明书、元数据文件、质检卡等的问题）</th></tr>
<tr><td rowspan="6">遥感资料应用</td><td rowspan="6">××影像图类
…</td><td rowspan="3">Tiff</td><td>图件 1 的中文名称</td><td>图件 1 的目录全路径</td><td rowspan="3"></td><td></td></tr>
<tr><td>…</td><td>…</td><td>…</td></tr>
<tr><td>图件 n 的中文名称</td><td>图件 n 的目录全路径</td><td></td></tr>
<tr><td rowspan="3">Gray</td><td>图件 1 的中文名称</td><td>图件 1 的目录全路径</td><td rowspan="3"></td><td></td></tr>
<tr><td>…</td><td>…</td><td>…</td></tr>
<tr><td>图件 n 的中文名称</td><td>图件 n 的目录全路径</td><td></td></tr>
<tr><td rowspan="3">自然重砂
资料应用</td><td rowspan="3">××图类
…</td><td colspan="2">图件 1 的中文名称</td><td>图件 1 的目录全路径</td><td rowspan="3"></td><td></td></tr>
<tr><td colspan="2">…</td><td>…</td><td>…</td></tr>
<tr><td colspan="2">图件 n 的中文名称</td><td>图件 n 的目录全路径</td><td></td></tr>
<tr><td rowspan="3">成矿规律研究</td><td rowspan="3">××图类
…</td><td colspan="2">图件 1 的中文名称</td><td>图件 1 的目录全路径</td><td rowspan="3"></td><td></td></tr>
<tr><td colspan="2">…</td><td>…</td><td>…</td></tr>
<tr><td colspan="2">图件 n 的中文名称</td><td>图件 n 的目录全路径</td><td></td></tr>
<tr><td rowspan="3">矿产预测研究</td><td rowspan="3">××图类
…</td><td colspan="2">图件 1 的中文名称</td><td>图件 1 的目录全路径</td><td rowspan="3"></td><td></td></tr>
<tr><td colspan="2">…</td><td>…</td><td>…</td></tr>
<tr><td colspan="2">图件 n 的中文名称</td><td>图件 n 的目录全路径</td><td></td></tr>
<tr><td>合计</td><td colspan="6">图件总数?（图件数?、遥感影像图件数?）、表格数?、振告总数?</td></tr>
<tr><td>数据整理问题小结</td><td colspan="4">1.
2.
…</td><td colspan="2">负责人：

年　月　日</td></tr>
</table>

附表 25　全国级矿产资源潜力评价成果文档整理情况记录表

专业	整理前文档				整理后文档				存在问题整理情况记录
	文件名称	存储目录全路径	封面上标题名称	文档格式	文件名称	存储目录全路径	封面上标题名称	文档格式	
成矿地质背景研究	例 1：…	…	…	…	…	…	…	…	…
	…	…	…	…	…	…	…	…	…
	例 n：…	…	…	…	…	…	…	…	…
重力资料应用	例 1：…	…	…	…	…	…	…	…	…
	…	…	…	…	…	…	…	…	…
	例 n：…	…	…	…	…	…	…	…	…
磁测资料应用	例 1：…	…	…	…	…	…	…	…	…
	…	…	…	…	…	…	…	…	…
	例 n：…	…	…	…	…	…	…	…	…
化探资料应用	例 1：…	…	…	…	…	…	…	…	…
	…	…	…	…	…	…	…	…	…
	例 n：…	…	…	…	…	…	…	…	…
遥感资料应用	例 1：…	…	…	…	…	…	…	…	…
	…	…	…	…	…	…	…	…	…
	例 n：…	…	…	…	…	…	…	…	…
自然重砂资料应用	例 1：…	…	…	…	…	…	…	…	…
	…	…	…	…	…	…	…	…	…
	例 n：…	…	…	…	…	…	…	…	…
成矿规律研究	例 1：…	…	…	…	…	…	…	…	…
	…	…	…	…	…	…	…	…	…
	例 n：…	…	…	…	…	…	…	…	…

续表

专业	整理前文档				整理后文档				存在问题整理情况记录
	文件名称	存储目录全路径	封面上标题名称	文档格式	文件名称	存储目录全路径	封面上标题名称	文档格式	
矿产预测研究	例 1：…	…	…	…	…	…	…	…	…
	…	…	…	…	…	…	…	…	…
	例 n：…	…	…	…	…	…	…	…	…
合计	总文档总数?（文档数?、表格数?、卡片数?、图片数?）								
文档整理问题小结	1. 2. …								负责人： 年　月　日

附表 26　全国级成果图件元数据文件（XML）整理情况记录表

专业	图件种类	图件中文名称（注意：必须采用图面上的图名）	图件目录路径	元数据文件名称（注意：按 2010 年 35 号文规定命名）	元数据文件目录路径（注意：使用元数据文件的存储目录全路径表示）	存在问题整理情况记录
成矿地质背景研究	××图类 …	图件 1 的中文名称	图件 1 的目录全路径	…	…	
		…	…	…	…	…
		图件 n 的中文名称	图件 n 的目录全路径	…	…	
重力资料应用	××图类 …	图件 1 的中文名称	图件 1 的目录全路径	…	…	
		…	…	…	…	…
		图件 n 的中文名称	图件 n 的目录全路径	…	…	

续表

专业	图件种类	图件中文名称（注意：必须采用图面上的图名）	图件目录路径	元数据文件名称（注意：按2010年35号文规定命名）	元数据文件目录路径（注意：使用元数据文件的存储目录全路径表示）	存在问题整理情况记录
磁测资料应用	××图类 …	图件1的中文名称	图件1的目录全路径	…	…	…
		…	…	…	…	
		图件 n 的中文名称	图件 n 的目录全路径	…	…	
化探资料应用	××图类 …	图件1的中文名称	图件1的目录全路径	…	…	…
		…	…	…	…	
		图件 n 的中文名称	图件 n 的目录全路径	…	…	
遥感资料应用	××图类 …	图件1的中文名称	图件1的目录全路径	…	…	…
		…	…	…	…	
		图件 n 的中文名称	图件 n 的目录全路径	…	…	
自然重砂资料应用	××图类 …	图件1的中文名称	图件1的目录全路径	…	…	…
		…	…	…	…	
		图件 n 的中文名称	图件 n 的目录全路径	…	…	
成矿规律研究	××图类 …	图件1的中文名称	图件1的目录全路径	…	…	…
		…	…	…	…	
		图件 n 的中文名称	图件 n 的目录全路径	…	…	
矿产预测研究	××图类 …	图件1的中文名称	图件1的目录全路径	…	…	…
		…	…	…	…	
		图件 n 的中文名称	图件 n 的目录全路径	…	…	
合计	元数据文件总数:?					
元数据整理问题小结	1. 2. …				负责人： 年　月　日	

附　　件

附件 1　第一步整理完成的元数据模板

附件 1 开始

```
<？ xml version = " 1. 0" encoding = " GB2312"？ >
< Metadata >
  < mdTitle > <！ - - 元数据名称：图件图面上图名 + 元数据 - - > </mdTitle >
  < mdDataSt > <！ - - 元数据创建日期，格式为 ××××-××-×× - - > </mdDataSt >
  < mdChar > <！ - - 字符集，参考地质信息元数据标准 - - > </mdChar >
  < mdStanName > <！ - - 元数据标准名称，填写：《地质信息元数据标准》 - - > </mdStanName >
  < mdStanVer > <！ - - 元元数据标准版本，填写：DD - 2006 - 05 - - > </mdStanVer >
  < mdLang > <！ - - 语种，参考参考地质信息元数据标准，一般填写：汉语 - - > </mdLang >
< dataIdInfo > <！ - - 标示信息 - - >
    < dataChar > <！ - - 字符集，参考地质信息元数据标准 - - > </dataChar >
    < idAbs > <！ - - 摘要 - - > </idAbs >
    < idPurp > <！ - - 目的 - - > </idPurp >
    < idStatus > <！ - - 状况 - - > </idStatus >
    < imageID > <！ - - 影像轨道标识 - - > </imageID >
    < dataLangCode > <！ - - 语种，参考地质信息元数据标准 - - > </dataLangCode >
    < dataRpType > <！ - - 数据表达方式，参考地质信息元数据标准 - - > </dataRpType >
    < dataScale > <！ - - 空间分辨率，填写比例尺数字分母 - - > </dataScale >
    < tpCat > <！ - - 专题类别，参考全国矿产资源潜力评价数据模型 - - > </tpCat >
    < geoId > <！ - - 地理标识符，参考全国矿产资源潜力评价数据模型 - - > </geoId >
    < idCitation > <！ - - 引用 - - >
        < resTitle > <！ - - 名称，数据文件夹中文名 + 图库 - - > </resTitle >
        < resEd > <！ - - 版本 - - > </resEd >
        < resEdDate > <！ - - 版本日期，格式为 ××××-××-×× - - > </resEdDate >
        < Isbn > <！ - - 国际标准书号 - - > </Isbn >
        < Issn > <！ - - 国际标准列号 - - > </Issn >
        < resDate > <！ - - 日期，格式为 ××××-××-×× - - > </resDate >
        < citRespParty > <！ - - 引用资料的负责单位 - - > </citRespParty >
        < presForm > <！ - - 表达形式，参考地质信息元数据标准 - - > </presForm >
    </idCitation >
    < GeoBndBox > <！ - - 地理坐标范围信息，经纬度范围 - - >
        < westBL > <！ - - 西边经度 - - > </westBL >
        < eastBL > <！ - - 东边经度 - - > </eastBL >
        < northBL > <！ - - 北边纬度 - - > </northBL >
        < southBL > <！ - - 南边纬度 - - > </southBL >
```

```
    </GeoBndBox>
    <TempExtent><!--时间范围信息-->
        <begin><!--起始时间，格式为××××-××-××--></begin>
        <end><!--结束时间，格式为××××-××-××--></end>
    </TempExtent>
    <VerExtent><!--垂直范围信息-->
        <vertMaxVal><!--最大垂向坐标值--></vertMaxVal>
        <vertUoM><!--垂向计量单位--></vertUoM>
        <vertDatum><!--垂向基准名称代码--></vertDatum>
        <vertMinVal><!--最小垂向坐标值--></vertMinVal>
    </VerExtent>
    <idPoC><!--联系信息-->
    <rpIndName><!--负责人姓名--></rpIndName>
    <rpOrgName><!--负责单位名称--></rpOrgName>
    <rpPosName><!--职务--></rpPosName>
    <role><!--职责，参考地质信息元数据标准--></role>
    <rpCntInfo><!--联系-->
        <cntFaxNum><!--传真，区号+传真号码--></cntFaxNum>
        <cntDelPnt><!--详细地址--></cntDelPnt>
        <city><!--城市--></city>
        <adminArea><!--行政区--></adminArea>
        <country><!--国家--></country>
        <postCode><!--邮政编码--></postCode>
        <cntOnlineRes><!--网址--></cntOnlineRes>
        <cntPhone><!--电话--></cntPhone>
        <eMailAddr><!--电子邮件地址--></eMailAddr>
    </rpCntInfo>
</idPoC>
<KeyWords><!--关键词，可包含多组，每组包含内容需要完整-->
    <keyTyp><!—专业类型关键词001--></keyTyp>
    <keyword><!--关键词，参考地质信息元数据标准--></keyword>
</KeyWords>
<KeyWords><!--关键词，可包含多组，每组包含内容需要完整-->
    <keyTyp><!—空间位置关键词002--></keyTyp>
    <keyword><!--关键词，参考地质信息元数据标准--></keyword>
</KeyWords>
<KeyWords><!--关键词，可包含多组，每组包含内容需要完整-->
    <keyTyp><!—时间关键词004--></keyTyp>
    <keyword><!--关键词，参考地质信息元数据标准--></keyword>
</KeyWords>
<BrowGraph>
    <bgFileName>静态浏览图文件名</bgFileName>
    <bgFileDesc>预览图文件说明</bgFileDesc>
</BrowGraph>
```

```
< Consts >
    < accessConsts > 访问限制或约束 < /accessConsts >
    < useLimit > 适用性的限制 < /useLimit >
    < class > 安全限制的等级 < /class >
    < useConsts > 使用限制类别 < /useConsts >
< /Consts >
< Format > < ! - - 数据集格式 - - >
    < fomatName > < ! - - 格式名称 - - > < /fomatName >
    < formatVer > < ! - - 格式版本号 - - > < /formatVer >
< /Format >
< MaintInfo > < ! - - 维护信息 - - >
    < upScpDesc > 更新范围说明 < /upScpDesc >
    < maintFreq > 维护更新频率 < /maintFreq >
    < maintCont > < ! - - 联系 - - >
        < rpIndName > < ! - - 负责人姓名 - - > < /rpIndName >
        < rpOrgName > < ! - - 负责单位名称 - - > < /rpOrgName >
        < rpPosName > < ! - - 职务 - - > < /rpPosName >
        < role > < ! - - 职责，参考地质信息元数据标准 - - > < /role >
        < rpCntInfo > < ! - - 联系 - - >
            < cntFaxNum > < ! - - 传真，区号 + 传真号码 - - > < /cntFaxNum >
            < cntDelPnt > < ! - - 详细地址 - - > < /cntDelPnt >
            < city > < ! - - 城市 - - > < /city >
            < adminArea > < ! - - 行政区 - - > < /adminArea >
            < country > < ! - - 国家 - - > < /country >
            < postCode > < ! - - 邮政编码 - - > < /postCode >
            < cntOnlineRes > < ! - - 网址 - - > < /cntOnlineRes >
            < cntPhone > < ! - - 电话 - - > < /cntPhone >
            < eMailAddr > < ! - - 电子邮件地址 - - > < /eMailAddr >
        < /rpCntInfo >
      < /maintCont >
    < /MaintInfo >
  < /dataIdInfo >
< dqInfo > < ! - - 数据质量信息 - - >
    < dqDescription > < ! - - 数据质量说明 - - >
        < dqFnlChcDesc > < ! - - 验收说明 - - > < /dqFnlChcDesc >
        < dqOutputDesc > < ! - - 图件输出质量 - - > < /dqOutputDesc >
        < dqDocuDesc > < ! - - 附件质量 - - > < /dqDocuDesc >
        < dqComplete > < ! - - 完整性 - - > < /dqComplete >
        < dqLogConsis > < ! - - 逻辑一致性 - - > < /dqLogConsis >
        < dqAcc > < ! - - 准确度 - - > < /dqAcc >
    < /dqDescription >
    < Lineage > < ! - - 数据志 - - >
        < PrcessStep > < ! - - 处理过程 - - >
            < stepDesc > < ! - - 处理步骤说明 - - > < /stepDesc >
```

```
        < /PrcessStep >
        < Source > < ! - - 数据源 - - >
            < srcDesc > < ! - - 数据源说明 - - > < /srcDesc >
            < srcScale > < ! - - 数据源比例尺分母 - - > < /srcScale >
            < srcDatum > < ! - - 数据源参照系 - - > < /srcDatum >
            < srcCitatn > < ! - - 数据源引用- - >
                < resTitle > < ! - - 名称 - - > < /resTitle >
                < resEd > < ! - - 版本 - - > < /resEd >
                < resEdDate > < ! - - 版本日期，格式为××××-××-××- - > < /resEdDate >
                < Isbn > < ! - - 国际标准书号 - - > < /Isbn >
                < Issn > < ! - - 国际标准列号 - - > < /Issn >
                < resDate > < ! - - 日期，格式为××××-××-××- - > < /resDate >
                < citRespParty > < ! - - 引用资料的负责单位 - - > < /citRespParty >
                < presForm > < ! - - 表达形式，参考地质信息元数据标准 - - > < /presForm >
            < /srcCitatn >
        < /Source >
      < /Lineage >
    < /dqInfo >
< refSysInfo > < ! - - 空间参照系信息 - - >
      < SIRefSys > < ! - - 基于地理标识的空间参照系 - - >
          < refSysName > < ! - - 名称，参考地质信息元数据标准 - - > < /refSysName >
      < /SIRefSys >
      < SCRefSys > < ! - - 基于坐标的空间参照系 - - >
          < coodRSID > < ! - - 坐标参照系名称，参考地质信息元数据标准 - - > < /coodRSID >
          < coodType > < ! - - 坐标系类型，参考地质信息元数据标准 - - > < /coodType >
          < coodSID > < ! - - 坐标系名称，参考地质信息元数据标准 - - > < /coodSID >
          < parameter > < ! - - 坐标系名称，投影参数- - > < /parameter >
      < /SCRefSys >
      < VerRS > < ! - - 垂向坐标参照系 - - >
          < verRSID > < ! - - 垂垂向坐标参照系名称 - - > < /verRSID >
      < /VerRS >
  < /refSysInfo >
< distInfo >
< onLineSrc > 在线信息 < /onLineSrc >
< ordInstr > 订购说明 < /ordInstr >
< distorCont >
      < rpIndName > < ! - - 负责人姓名 - - > < /rpIndName >
      < rpOrgName > < ! - - 负责单位名称 - - > < /rpOrgName >
      < rpPosName > < ! - - 职务 - - > < /rpPosName >
      < role > < ! - - 职责，参考地质信息元数据标准 - - > < /role >
      < rpCntInfo > < ! - - 联系 - - >
        < cntFaxNum > < ! - - 传真，区号 + 传真号码 - - > < /cntFaxNum >
        < cntDelPnt > < ! - - 详细地址 - - > < /cntDelPnt >
        < city > < ! - - 城市 - - > < /city >
```

```
        <adminArea><！--行政区--></adminArea>
        <country><！--国家--></country>
        <postCode><！--邮政编码--></postCode>
        <cntOnlineRes><！--网址--></cntOnlineRes>
        <cntPhone><！--电话--></cntPhone>
        <eMailAddr><！--电子邮件地址--></eMailAddr>
      </rpCntInfo>
  </distorCont>
  <Medium>
    <medNote>介质说明</medNote>
    <medName>分发介质名称</medName>
    </Medium>
  </distInfo>
  <conInfo><！--内容信息-->
        <ContDesc><！--内容描述-->
          <cntRasterImage><！--栅格影像内容描述--></cntRasterImage>
          <cntAttrDescFile><！--></cntAttrDescFile>
            <cntLayerName><！--图层名称--></cntLayerName>
            <cntFetTypes><！--要素类型名称，注意要完整列出要素类型的名称+后缀名！--
                    ></cntFetTypes>
            <cntAttrTpyList><！--属性结构列表，列出图层属性结构所有字段的分组结构，包
                    括属性字段名称、编码和类型等-->
            </cntAttrTpyList>
          </ContDesc>
        </conInfo>
      <mdContact><！--联系单位-->
          <rpIndName><！--负责人姓名--></rpIndName>
          <rpOrgName><！--负责单位名称--></rpOrgName>
          <rpPosName><！--职务--></rpPosName>
          <role><！--职责，参考地质信息元数据标准--></role>
          <rpCntInfo>
            <cntFaxNum><！--传真，区号+传真号码--></cntFaxNum>
              <cntDelPnt><！--详细地址--></cntDelPnt>
                <city><！--城市--></city>
                <adminArea><！--行政区--></adminArea>
                <country><！--国家--></country>
                <postCode><！--邮政编码--></postCode>
                <cntOnlineRes><！--网址--></cntOnlineRes>
                <cntPhone><！--电话--></cntPhone>
                <eMailAddr><！--电子邮件地址--></eMailAddr>
        </rpCntInfo>
    </mdContact>
    </Metadata>
```


附件1 结束

附件2　第二步整理完成的元数据模板

附件2 开始


```
<? xml version =" 1.0" encoding =" GB2312"? >
<Metadata >
  <mdTitle ><! --元数据名称，图件图面上图名 + 元数据--></mdTitle >
    <mdCode ><! --标准编码，数据文件夹对应工程的标准编码 --></mdCode >
  <mdDataSt ><! --元数据创建日期，格式为××××-××-××--></mdDataSt >
  <mdChar ><! --字符集，参考地质信息元数据标准 --></mdChar >
  <mdStanName ><! --元数据标准名称，填写：《地质信息元数据标准》--></mdStanName >
  <mdStanVer ><! --元元数据标准版本，填写：DD-2006-05 --></mdStanVer >
  <mdLang ><! --语种，参考参考地质信息元数据标准，一般填写：汉语--></mdLang >
<dataIdInfo ><! --标示信息 -->
    <dataChar ><! --字符集，参考地质信息元数据标准 --></dataChar >
    <idAbs ><! --摘要 --></idAbs >
    <idPurp ><! --目的 --></idPurp >
    <idStatus ><! --状况 --></idStatus >
    <imageID ><! --影像轨道标识 --></imageID >
    <dataLangCode ><! --语种，参考地质信息元数据标准 --></dataLangCode >
    <dataRpType ><! --数据表达方式，参考地质信息元数据标准 --></dataRpType >
    <dataScale ><! --空间分辨率，填写比例尺数字分母 --></dataScale >
    <tpCat ><! --专题类别，参考全国矿产资源潜力评价数据模型 --></tpCat >
    <geoId ><! --地理标识符，参考全国矿产资源潜力评价数据模型 --></geoId >
    <idCitation ><! --引用 -->
        <resTitle ><! --名称，数据文件夹中文名 + 图库 --></resTitle >
        <resEd ><! --版本 --></resEd >
        <resEdDate ><! --版本日期，格式为××××-××-××--></resEdDate >
        <Isbn ><! --国际标准书号 --></Isbn >
        <Issn ><! --国际标准列号 --></Issn >
        <resDate ><! --日期，格式为××××-××-××--></resDate >
        <citRespParty ><! --引用资料的负责单位 --></citRespParty >
        <presForm ><! --表达形式，参考地质信息元数据标准 --></presForm >
    </idCitation >
    <GeoBndBox ><! --地理坐标范围信息，经纬度范围 -->
        <westBL ><! --西边经度 --></westBL >
        <eastBL ><! --东边经度 --></eastBL >
        <northBL ><! --北边纬度 --></northBL >
        <southBL ><! --南边纬度 --></southBL >
    </GeoBndBox >
      <GeodeticBox ><! --地理坐标范围信息，大地坐标范围 -->
        <XMIN ><! --xmin --></XMIN >
        <YMIN ><! --ymin --></YMIN >
        <XMAX ><! --xmax --></XMAX >
```

```
    < YMAX >< ! --xmax -- ></YMAX >
  </GeodeticBox >
< TempExtent >< ! --时间范围信息 -- >
    < begin >< ! --起始时间，格式为××××-××-××-- ></begin >
    < end >< ! --结束时间，格式为××××-××-××-- ></end >
</TempExtent >
< VerExtent >< ! --垂直范围信息 -- >
    < vertMaxVal >< ! --最大垂向坐标值 -- ></vertMaxVal >
    < vertUoM >< ! --垂向计量单位 -- ></vertUoM >
    < vertDatum >< ! --垂向基准名称代码 -- ></vertDatum >
    < vertMinVal >< ! --最小垂向坐标值 -- ></vertMinVal >
</VerExtent >
< idPoC >< ! --联系信息 -- >
    < rpIndName >< ! --负责人姓名 -- ></rpIndName >
    < rpOrgName >< ! --负责单位名称 -- ></rpOrgName >
    < rpPosName >< ! --职务 -- ></rpPosName >
    < role >< ! --职责，参考地质信息元数据标准 -- ></role >
    < rpCntInfo >< ! --联系 -- >
        < cntFaxNum >< ! --传真，区号+传真号码 -- ></cntFaxNum >
        < cntDelPnt >< ! --详细地址 -- ></cntDelPnt >
        < city >< ! --城市 -- ></city >
        < adminArea >< ! --行政区 -- ></adminArea >
        < country >< ! --国家 -- ></country >
        < postCode >< ! --邮政编码 -- ></postCode >
        < cntOnlineRes >< ! --网址 -- ></cntOnlineRes >
        < cntPhone >< ! --电话 -- ></cntPhone >
        < eMailAddr >< ! --电子邮件地址 -- ></eMailAddr >
    </rpCntInfo >
</idPoC >
< KeyWords >< ! --关键词，可包含多组，每组包含内容需要完整 -- >
    < keyTyp >< ! —专业类型关键词 001 -- ></keyTyp >
    < keyword >< ! --关键词，参考地质信息元数据标准 -- ></keyword >
</KeyWords >
< KeyWords >< ! --关键词，可包含多组，每组包含内容需要完整 -- >
    < keyTyp >< ! —空间位置关键词 002 -- ></keyTyp >
    < keyword >< ! --关键词，参考地质信息元数据标准 -- ></keyword >
</KeyWords >
< KeyWords >< ! --关键词，可包含多组，每组包含内容需要完整 -- >
    < keyTyp >< ! —时间关键词 004 -- ></keyTyp >
    < keyword >< ! --关键词，参考地质信息元数据标准 -- ></keyword >
</KeyWords >
< BrowGraph >
    < bgFileName >静态浏览图文件名</bgFileName >
    < bgFileDesc >预览图文件说明</bgFileDesc >
```

```
        </BrowGraph>
        <Consts>
            <accessConsts>访问限制或约束</accessConsts>
            <useLimit>适用性的限制</useLimit>
            <class>安全限制的等级</class>
            <useConsts>使用限制类别</useConsts>
        </Consts>
        <Format><!--数据集格式-->
            <fomatName><!--格式名称--></fomatName>
            <formatVer><!--格式版本号--></formatVer>
        </Format>
        <MaintInfo><!--维护信息-->
            <upScpDesc>更新范围说明</upScpDesc>
            <maintFreq>维护更新频率</maintFreq>
            <maintCont><!--联系-->
                <rpIndName><!--负责人姓名--></rpIndName>
                <rpOrgName><!--负责单位名称--></rpOrgName>
                <rpPosName><!--职务--></rpPosName>
                <role><!--职责，参考地质信息元数据标准--></role>
                <rpCntInfo><!--联系-->
                    <cntFaxNum><!--传真，区号+传真号码--></cntFaxNum>
                    <cntDelPnt><!--详细地址--></cntDelPnt>
                    <city><!--城市--></city>
                    <adminArea><!--行政区--></adminArea>
                    <country><!--国家--></country>
                    <postCode><!--邮政编码--></postCode>
                    <cntOnlineRes><!--网址--></cntOnlineRes>
                    <cntPhone><!--电话--></cntPhone>
                    <eMailAddr><!--电子邮件地址--></eMailAddr>
                </rpCntInfo>
            </maintCont>
        </MaintInfo>
    </dataIdInfo>
<dqInfo><!--数据质量信息-->
        <dqDescription><!--数据质量说明-->
            <dqFnlChcDesc><!--验收说明--></dqFnlChcDesc>
            <dqOutputDesc><!--图件输出质量--></dqOutputDesc>
            <dqDocuDesc><!--附件质量--></dqDocuDesc>
            <dqComplete><!--完整性--></dqComplete>
            <dqLogConsis><!--逻辑一致性--></dqLogConsis>
            <dqAcc><!--准确度--></dqAcc>
        </dqDescription>
        <Lineage><!--数据志-->
            <PrcessStep><!--处理过程-->
```

```
                <stepDesc><!--处理步骤说明--></stepDesc>
            </PrcessStep>
            <Source><!--数据源-->
                <srcDesc><!--数据源说明--></srcDesc>
                <srcScale><!--数据源比例尺分母--></srcScale>
                <srcDatum><!--数据源参照系--></srcDatum>
                <srcCitatn><!--数据源引用-->
                    <resTitle><!--名称--></resTitle>
                    <resEd><!--版本--></resEd>
                    <resEdDate><!--版本日期，格式为××××-××-××--></resEdDate>
                    <Isbn><!--国际标准书号--></Isbn>
                    <Issn><!--国际标准列号--></Issn>
                    <resDate><!--日期，格式为××××-××-××--></resDate>
                    <citRespParty><!--引用资料的负责单位--></citRespParty>
                    <presForm><!--表达形式，参考地质信息元数据标准--></presForm>
                </srcCitatn>
            </Source>
        </Lineage>
    </dqInfo>
<refSysInfo><!--空间参照系信息-->
        <SIRefSys><!--基于地理标识的空间参照系-->
            <refSysName><!--名称，参考地质信息元数据标准--></refSysName>
        </SIRefSys>
        <SCRefSys><!--基于坐标的空间参照系-->
            <coodRSID><!--坐标参照系名称，参考地质信息元数据标准--></coodRSID>
            <coodType><!--坐标系类型，参考地质信息元数据标准--></coodType>
            <coodSID><!--坐标系名称，参考地质信息元数据标准--></coodSID>
            <parameter><!--坐标系名称，投影参数--></parameter>
        </SCRefSys>
        <VerRS><!--垂向坐标参照系-->
            <verRSID><!--垂垂向坐标参照系名称--></verRSID>
        </VerRS>
    </refSysInfo>
<distInfo>
<onLineSrc>在线信息</onLineSrc>
<ordInstr>订购说明</ordInstr>
<distorCont>
        <rpIndName><!--负责人姓名--></rpIndName>
        <rpOrgName><!--负责单位名称--></rpOrgName>
        <rpPosName><!--职务--></rpPosName>
        <role><!--职责，参考地质信息元数据标准--></role>
        <rpCntInfo><!--联系-->
            <cntFaxNum><!--传真，区号+传真号码--></cntFaxNum>
            <cntDelPnt><!--详细地址--></cntDelPnt>
```

```
            <city><！--城市--></city>
            <adminArea><！--行政区--></adminArea>
            <country><！--国家--></country>
            <postCode><！--邮政编码--></postCode>
            <cntOnlineRes><！--网址--></cntOnlineRes>
            <cntPhone><！--电话--></cntPhone>
            <eMailAddr><！--电子邮件地址--></eMailAddr>
        </rpCntInfo>
</distorCont>
<Medium>
  <medNote>介质说明</medNote>
  <medName>分发介质名称</medName>
  </Medium>
</distInfo>
<conInfo><！--内容信息-->
            <ContDesc><！--内容描述-->
                <cntRasterImage><！--栅格影像内容描述--></cntRasterImage>
                <cntLayerNamelist><！--矢量图层内容描述，注意需要完整列出所有图层的分组
                                信息，包括图层名称、要素类型名称、属性列表、规范下属词信
                                息、非规范下属词信息-->
                    <cntLayerName><！--图层名称--></cntLayerName>
                    <cntFetTypes><！--要素类型名称，注意要完整列出要素类型的名称+后缀
                                名！--></cntFetTypes>
                    <cntAttrTpyList><！--属性结构列表，列出图层属性结构所有字段的分组结
                                  构，包括属性字段名称、编码和类型等-->
                        <cntAttrTpyStru><！--属性字段名称--></cntAttrTpyStru>
                        <cntAttrTpyName><！--属性字段编码--></cntAttrTpyName>
                        <cntAttrTpyStruType><！--属性字段类型--></cntAttrTpyStruType>
                    </cntAttrTpyList>
                    <cntSCodeList><！--规范属性下属词说明，可有多组，每组包含必须完整-->
                        <cntSCodeName><！--下属词名称--></cntSCodeName>
                        <cntSCodeTable><！--下属词所属要素类型名称，名称必须带后缀
                                    名！--></cntSCodeTable>
                        <cntSCodeType><！--下属词类型--></cntSCodeType>
                        <cntSCodeSubjectName><！--下属词所属专题名称--></
                                    cntSCodeSubjectName>
                        <cntSCodeSubjectCode><！--下属词所属专题代码--></
                                    cntSCodeSubjectCode>
                        <cntSCodeSubType><！--下属词子类型--></cntSCodeSubType>
                    </cntSCodeList>
                    <cntUSCodeList><！--非规范属性下属词说明，可有多组，每组包含必须完
                                  整-->
              <cntSUCodeFilename><！--非规范下属词字典名称，excel 文件名--></cntSUCo-
                                deFilename>
```

```
            <cntSUCodeName><！--下属词名称--></cntSUCodeName>
            <cntSUCodeTable><！--下属词所属要素类型名称，名称必须带后缀名！--></
                        cntSUCodeTable>
            <cntSUCodeType><！--下属词类型--></cntSUCodeType>
            <cntSUCodeSubjectName><！--下属词所属专题名--></cntSUCodeSubjectName>
            <cntSUCodeSubjectCode><！--下属词所属专题代码--></cntSUCodeSubjectCode>
            <cntSUCodeSubType><！--下属词子类型--></cntSUCodeSubType>
          </cntUSCodeList>
        </cntLayerNamelist>
      </ContDesc>
   </conInfo>
<mdContact><！--联系单位-->
        <rpIndName><！--负责人姓名--></rpIndName>
        <rpOrgName><！--负责单位名称--></rpOrgName>
        <rpPosName><！--职务--></rpPosName>
        <role><！--职责，参考地质信息元数据标准--></role>
        <rpCntInfo>
            <cntFaxNum><！--传真，区号+传真号码--></cntFaxNum>
            <cntDelPnt><！--详细地址--></cntDelPnt>
                <city><！--城市--></city>
                <adminArea><！--行政区--></adminArea>
                <country><！--国家--></country>
                <postCode><！--邮政编码--></postCode>
                <cntOnlineRes><！--网址--></cntOnlineRes>
                <cntPhone><！--电话--></cntPhone>
                <eMailAddr><！--电子邮件地址--></eMailAddr>
    </rpCntInfo>
</mdContact>
</Metadata>
```

附件2 结束